MIT DEM TIER AUF DU UND DU

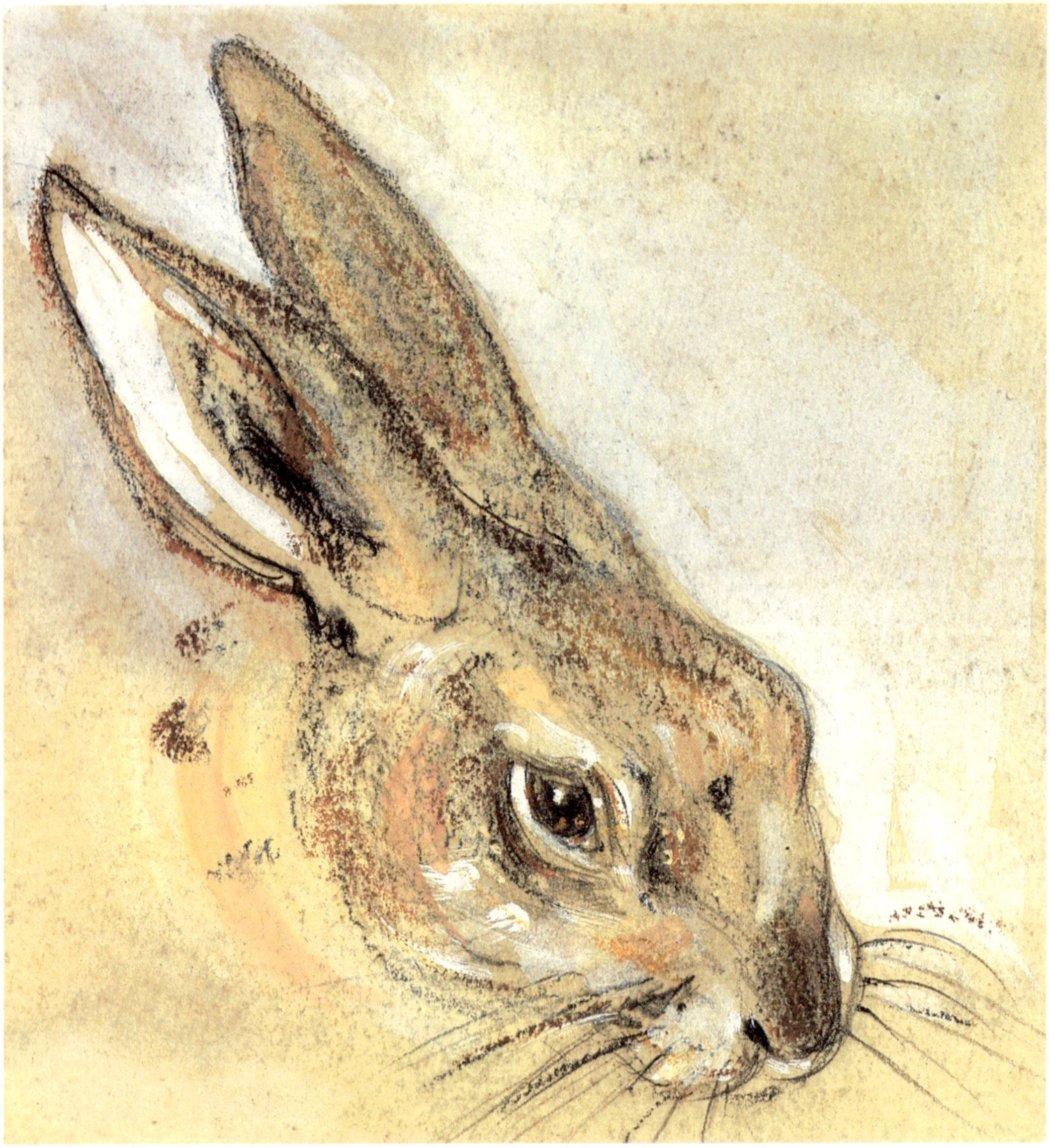

MIT DEM TIER AUF DU UND DU

82 ZEICHNUNGEN VON ALFRED WILL

15 ZOOLOGISCHE BEITRÄGE

herausgegeben von Siegfried Seifert

VEB
E. A. Seemann Verlag
LEIPZIG 1988

Frontispiz: Kaninchen, Kreide und Deckweiß, 11,7 × 10,9 cm

Mit dem Tier auf du und du:
82 Zeichnungen von Alfred Will;
15 zoolog. Beitr./hrsg. von Siegfried Seifert.
Leipzig: E. A. Seemann Verl., 1988.
160 S.: 82 Ill. (z. T. farb.)

ISBN 3-363-00356-0

© by VEB E. A. Seemann, Leipzig 1988
1. Auflage 1988
Veröffentlicht unter Lizenz-Nr. 460·350/27/88
LSV-Nr. 8116
Gestaltung: Bernd Kruhl, Leipzig
Printed in the German Democratic Republic
Lichtsatz: INTERDRUCK
Graphischer Großbetrieb Leipzig
III/18/97
Druck und buchbinderische
Weiterverarbeitung:
Druckerei Volksstimme Magdeburg
IV-14-481
Bestell-Nr. 505 811 8
07800

INHALT

9
Prof. Dr. sc. Vera Schmidt, Leipzig
Alfred Will

15
Prof. Hans Psenner, Innsbruck
Am Horst von Steinadler und Bartgeier

29
Dr. Ilkka Koivisto, Helsinki
Von der Balz der Birkhühner

35
Gotthart Berger, Dresden
Über die Intelligenz des Orang Utans und des Schimpansen

47
Dr. Antoni Gucwiński, Wrocław
Die Entdeckung des Gorillas

57
Dr. Wolfgang Gewalt, Duisburg
Ein Plädoyer für Wale

65
Vladimir Spizin, Moskau
Aus der Kinderstube der Bären

73
Dr. Bartholomeus M. Lensink, Amsterdam
Hyänen – wie sie wirklich sind

79
Prof. Dr. habil. Günter Tembrock, Berlin
Vom Verhalten des Rotfuchses

91
Prof. Dr. Siegfried Seifert, Leipzig
Von Löwen und Tigern

101
Dr. Peter Weilenmann, Zürich
Von Elefantengeburten

109
Prof. Dr. Ernst M. Lang, Sempach, ehemals Basel
Zur Hochzeit der Nashörner

117
Prof. Dr. Sándor Holdas, Budapest
Flußpferde im Mineralbad

125
Dr. sc. Lutz Briedermann, Niederfinow
Wild in heimischen Wäldern

137
Dr. Józef Skotnicki, Kraków
Wisente im Urwald von Białowieża

149
Prof. Dr. sc. Karl Elze, Leipzig
Zootiere – meine Patienten

VORWORT

Längere Zeit schon verfolgte der VEB E. A. Seemann Buch- und Kunstverlag Leipzig die Absicht, Arbeiten des Tiermalers Alfred Will der Öffentlichkeit in einer Edition vorzustellen und zugänglich zu machen. Unter welchem Leitgedanken dies geschehen könnte, war Gegenstand vieler Überlegungen, in die ich eines Tages einbezogen wurde. Da für einen Künstler bei der Wahl seiner Themen Emotionen eine maßgebliche Rolle zu spielen pflegen und dieser Umstand in Wills Arbeiten besonders zum Ausdruck kommt, lag es nahe, das Vorhaben unter den Gesichtspunkt Erlebnis der Natur zu stellen, und dafür bot sich der eingängige Titel »Mit dem Tier auf du und du« an. Dieser wiederum führte zu dem Gedanken, im Buch neben dem Tiermaler zur Erbauung der Leser auch andere mit dem Tier auf besondere Weise in Beziehung stehende Persönlichkeiten zu Wort kommen zu lassen. Bildteil und Textteil sollen dabei jeweils Eigenständigkeit besitzen, die Bilder sind nicht als Illustration eines bestimmten Textteils und das geschriebene Wort nicht als Text zu den Bildern gedacht. Die aus dem Fundus Alfred Wills zur Verfügung stehende Auswahl von Gemälden, Zeichnungen und Skizzen kann in ihren Proportionen nicht der Systematik des Tierreiches entsprechen. Auf die einzelnen Themen des Textteiles müssen sie sich deshalb in unterschiedlicher Anzahl beziehen, in einigen Fällen gibt es für Bild und Text gar keine Entsprechungen. Die Konzeption sah vor, der Schrift nicht etwa Züge eines Zoologiebuches oder einer Enzyklopädie der Tierwelt zu verleihen. Den Autoren blieb es überlassen, in ihren Wortbeiträgen das Verhältnis emotionell getönter Schilderungen und sachlicher Wissensvermittlung selbst zu bestimmen. Zwischen den

*einzelnen Kapiteln wurde über das Gesagte hinaus
keine Vereinheitlichung angestrebt. In der
ganz persönlichen Note eines jeden Aufsatzes, der
ja immer aus berufenem Munde kommt, soll ein
besonderer Reiz des Buches liegen.
Wir hoffen auf einen weitgefächerten Leserkreis und
hätten unser Ziel erreicht, wenn in allen Aussagen
des Buches echte Liebe zum Tier und Engagement für das
Tier erkannt würden.*

PROF. DR. SIEGFRIED SEIFERT

Alfred Will

Hauptsächlich möchte ich über Alfred Will plaudern. Ich lernte ihn kennen, als er täglich aufs neue mit heißem Herzen und mit hochwertigen eiweiß- und vitaminenthaltenden Lebensmitteln zu einer Zeit, als diese noch rar waren und vom Munde abgespart werden mußten, um das Leben seiner kleinen Hündin »Amsel« kämpfte. Ich hatte als junge Tierärztin das meinige getan und nach bestem tierärztlichem Wissen und unter Einsatz meines ganzen fachlichen Ehrgeizes die mit Tumoren durchsetzten Gesäugeleisten von »Amsel« operiert. Doch die Operationswunden hatten keine Heilungstendenz. Damit wurde »Amsel«, die sich in der von mir geleiteten Station als Patientin befand, vom medizinischen Standpunkt her ein ungewöhnlicher Fall. Ich sprach darüber mit Alfred Will und darüber, daß ich mich um das bedrohte Hundeleben sorgte. Alfred Will gab nicht auf. Er kam täglich aus seinem am Rande der großen Stadt gelegenen Wohnort, nahm Wind und Wetter und einen langen Fußweg, unzuverlässige Straßenbahnverbindungen und Fahrten in vollgestopften S-Bahn-Waggons auf sich, um seine kleine Hündin zu besuchen. Der große schlanke Mann saß über Stunden hockend an ihrem Krankenlager. Und das Unglaubliche geschah: »Amsel« erholte sich, die Phase der Wundreinigung setzte ein, ihr folgte die Wundheilung. Alfred Will lehrte mich, die junge Tierärztin, daß medizinisches Wissen und Können zwar Voraussetzung für die Hilfe bei der Überwindung eines Krankheitszustandes der anvertrauten Kreatur sind, jedoch bei weitem noch nicht alles ausmachen.

Ich vergaß dieses Erlebnis nie. Es bereicherte mich um eine ganz entscheidende Berufs- und Lebenserfahrung zu Beginn meines tierärztlichen Werdeganges. Und ich glaube, daß ich davon für meine Einstellung zu meinen vierbeinigen oder auch geflügelten Patienten und den dahinter stehenden Menschen noch heute profitiere.

Ich lernte Alfred Will als Künstler schätzen, als sich mir erstmals seine Zeichnungen, Graphiken, Gemälde von Menschen, Tieren, von der Natur, von unserer belebten Umwelt offenbarten. Ich gewann Alfred Will zum Freund, als wir beide viele Gemeinsamkeiten in unserer Einstellung zum Leben, zur Natur, zum Menschen, zum Tier entdeckten. In diese Zeit fiel für Alfred Will der Abschied von seiner kleinen »Amsel«. Seine liebenswerte Frau Anneliese erwies sich in jenen Stunden und in dieser Situation als die Stärkere.

Tierliebe ist für Alfred Will nicht nur Emotion, sondern Bekenntnis und engagiertes Handeln und ständiges Bemühen um Verständnis des Menschen neben ihm für die Natur.

Da liegt sie vor mir auf dem Tisch! Eine kleine Zeitschrift mit dem Titelkopf »Junger Naturfreund«, Erscheinungsjahr 1920. Auflage ein Stück pro Monat. Ein zwölfseitiges reichbebildertes Heftchen. Inhalt selbst ausgedacht, handgeschrieben, handgezeichnet und zusammengestellt – zum besseren Verständnis der Natur für zehn Schüler einer Untertertia. Und dazu gibt es eine Geschichte: Mit acht Jahren bereits kannte er sie offensichtlich alle: Vögel, Schmetterlinge, Käfer, Raupen, Frösche, Ameisen; alles, was sich so im Buschwerk eines Wildgartens aufhielt. Er hielt sie alle mit seinem Zeichenstift fest, so auch den kleinen im Gestrüpp des Dornbusches hausenden farbenprächtigen »Neuntöter«, ein kleiner Würger, von dem man sagt, daß er immer erst neun Käfer oder Larven auf die Dornen spießt, bevor er das erste Opfer verspeist. Eins kam zum anderen, und es entwickelte sich die Tierzeichnerei Alfred Wills beständig und ausdauernd und zugleich der große Wunsch, sich in dieser Begeisterung für die Schönheiten der Natur anderen Menschen mitzuteilen und ihre Herzen zu öffnen. So durchstreifte er mit seinen Freunden und Mitschülern Altglienicker Korn- und Kartoffelfelder, beobachtete Hasen, Kaninchen, Fasane,

Alfred Will

Kiebitze, Goldammern, Pirole und schaute am Abend, zum Umfallen müde, in die Bücher, um über die vielen Fragen Antwort zu finden. Natürlich interessierten ihn auch die Windmühlen, die auf dem Altglienicker Berg standen und die Menschen, die in ihnen arbeiteten. Die erste Begegnung mit dem Müller Herrmann Solle blieb ihm in Erinnerung: er, der kleine in den Mühlengarten eingedrungene und die Mühle malende Junge und der in der Öffnung der Tür stehende vierschrötige und selbstbewußte Müller, der ihm den Garaus machen wollte mit den Worten »Wenn hier eener malt, denn bin ick det!« – Die Mühlen sind nicht mehr da. Doch sie leben auf der Leinwand Alfred Wills weiter. Sie sind Zeugen der Heimatgeschichte Altglienickes am Rande der großen Stadt. Alfred Will schrieb ein Stückchen dieser Heimatgeschichte mit.

Ich denke in diesem Augenblick der räumlichen Entfernung vom Atelier Alfred Wills an die fast unzähligen Zeichnungen und Skizzen von Tieren vieler Arten und Gattungen, die in seinen Kästen und Mappen als verborgene Schätze schlummern. Sie begeistern mich immer wieder aufs neue in der Schönheit ihres Ausdrucks, in der Schlichtheit und Treffsicherheit der Linienführung, im Herausarbeiten des für das jeweilige Tier Typischen. Wie gern würde ich wieder einmal Zeit finden wollen, um in diese Welt einzudringen, in der der Zauber der inneren Verbundenheit des Malers mit dem Tier spürbar ist, in der erkennbar wird, daß dieser Maler mit dem Tier tatsächlich auf du und du steht.

Eigenartig: obwohl man bei einem Tierarzt die Tierliebe als Voraussetzung und Unterpfand für den Berufswunsch und für die Berufsausübung ansieht, begegnet einem immer wieder die Frage, welchem Tier man wohl den Vorzug gäbe. So wenig originell diese Frage ist, überrascht sie mich jedesmal aufs neue und erzürnt mich fast. Ich weiß, daß es Alfred Will in derartigen Situationen nicht anders ergeht.

Tierliebe ist nicht teilbar, sie beinhaltet das ganze Spektrum der eigenen Gefühlswelt, aber auch des Verstandes für das Tier. Tiere lieben zu wollen, bedeutet, über diese Tiere auch etwas zu wissen. Nur so wird die Schönheit des Tieres, die niemals um ihrer selbst, sondern um der Zweckmäßigkeit willen so und nicht anders – im ganzen oder auch nur im Detail – ist, erfaßbar. Nur so sind tierart- und individualspezifische Verhaltensweisen schön, reizvoll, interessant, beobachtungswürdig. Nur so werde ich einschätzen können, was einem Tier dient und was ihm schadet. Nur so kann ich mit meiner Tierliebe wirklich Gutes und Nützliches für das Tier schaffen und damit meine Tierliebe vor mir selbst unter Beweis stellen.

Und: Was gefällt mir am Tier am besten? Stellt mir jemand die Frage so, dann zögere ich keine Sekunde mit der Antwort: »Gesund muß das Tier sein«. Man verzeihe mir, daß mit dieser Antwort die Tierärztin zum Vorschein kommt. Doch, wer will es bestreiten? Gesundheit gehört zum Wohlbehagen, zum Lebensglück, zur Lebensfreude, zum Lebensmut, zur Erfüllung der Lebensaufgaben.

Mir ist aus meiner Berufszeit weder eine aufsehenerregende noch rührende Geschichte über die Heilung eines Tieres gegenwärtig. Tierärztliches Wissen und Können erhielten ausreichend Lohn, wenn das gebrochene Bein aufgesetzt und belastet werden konnte, die Wunde verheilte, Fieber und Apathie überstanden waren, das blinde Auge wieder sehend wurde, der Schmerz vom Tier wich. Als schönstes Geschenk empfinde ich es jedoch, wenn Tiere erst gar nicht krank werden.

»Mit dem Tier auf du und du«, dieser Titel bringt die Zweiseitigkeit der Mensch-Tier-Beziehung zum Ausdruck. Er beinhaltet Verbundenheit mit dem Tier und Liebe zum Tier. Er beinhaltet aber auch Verpflichtung des Menschen für das Tier, für seine Erhaltung in einer lebensgerechten Umwelt.

Vogelskizzen, Kugelschreiber, 21,1 × 13,5 cm

Bussard, Kreide und Deckweiß, 26 × 21,1 cm

Bussard, Kreide und Deckweiß, 21,5 × 23,8 cm

Seeadler, Kreideskizze, 32,5 × 25,5 cm

Am Horst von Steinadler und Bartgeier

Hans Psenner, Innsbruck

Ermüdet von einer stundenlangen Bergwanderung, wollte ich auf einer Waldblöße ausruhen und war dabei eingeschlafen. Plötzlich erwachte ich, weil ich das Gefühl hatte, es müsse irgendetwas in meiner Nähe in Bewegung geraten sein. Ein deutlicher Schatten streifte mein Gesicht, und ich erkannte einen Steinadler, der erst über den Bäumen und dann, enger werdend, innerhalb der Lichtung seine Kreise zog. Ich mußte mich aber bewegt haben, denn ruckartig riß er sich in die Höhe und strich ab. So nahe war mir dieser Greifvogel noch niemals vor Augen gekommen. Bestimmt hatte er erwartet, unter sich verendetes Wild zu finden, flüchtete aber, als ich mich rührte. So große lebende Beute greift der Adler nicht an. Er könnte sie nur als Aas an Ort und Stelle verzehren, falls ihm Fallwild willkommene Nahrung bieten sollte. Wenn er, zufällig auf einer Gemse oder einem Schaf sitzend, beobachtet wird, sieht man es als selbstverständlich an, daß er diese Beute selbst geschlagen hat. Manchmal beobachtet man zwei Adler, über einem Gamsrudel oder einer Murmeltierkolonie streichend. Der erste schreckt die Tiere auf, sie fliehen. Aber wehe, es ist eines dabei, das nicht mitkommen, nicht in den Bau verschwinden kann, weil es alt oder geschwächt ist. Dieses wird vom zweiten Adler weggeholt, der auf diese Weise natürliche Auslese betreibt.

Beim heutigen Wildbestand kann der Adler niemals für die Jagd »unangenehm« werden. Nur Nahrungsspezialisten, die sich auf ganz bestimmte Beutetiere einstellen, könnten als schädlich eingestuft werden. Auch die Futtermenge, die ein Steinadler täglich benötigt, ist gering. Aber in freier Natur bekommt er nicht regelmäßig Beute, und wenn er etwa tagelang Hunger leiden mußte, haut er sich, wenn er endlich Erfolg hat, den Kropf richtig voll. Ein großer Futterverbraucher ist er nur zu der Zeit, in der er ein oder zwei Junge im Horst hat. Diese vertilgen dann weitaus mehr als die Eltern. Vor dem Ausfliegen der Jungen stellen die Eltern das Atzen ein. Selbst an von mir aufgezogenen Steinadlern konnte ich regelmäßig feststellen, daß sie plötzlich mit dem Fressen beinahe ganz aufhörten. Der Steinadler hat ein Gewicht von etwa $3\frac{1}{2}$ bis 4 kg, die größeren Weibchen wiegen meist etwas mehr. Aber die Jungvögel dürfen beim Ausfliegen – sie kehren nicht mehr zum Horst zurück – nicht »absacken« und am Boden landen. Sie müssen eben durch Fasten ihren »Kinderspeck« verlieren. Auch in der ersten Zeit, in der sie ihre Schwingen üben, werden sie von den Eltern knapp gehalten, um sie zu veranlassen, sich selbst im Beuteschlagen zu versuchen. Die jungen Steinadler, eben dem Horst entflogen, haben bereits fast die Größe erwachsener Vögel; man erkennt sie an der weißen Schwanzwurzel und den weißen Spiegeln in den Schwingen. Diese Merkmale verschwinden beim Federwechsel im vierten, fünften Lebensjahr, und dann sind die Adler auch fortpflanzungsfähig. Im Januar etwa beginnt die Balz, das ist auch die Zeit, in der die Eltern ihre letztjährigen Jungen aus dem Revier vertreiben.

Ich habe zur Aufzucht manchmal Steinadler erhalten, die noch flugunfähig aus dem Horst gefallen waren. Einmal aber, es war etwa im Februar, bekam ich einen um diese Zeit natürlich schon lange flüggen, etwa neun Monate alten Adler. Der wurde, vollkommen durchnäßt im seichten Wasser des Inn-Flusses stehend, ohne Umstände mit einer Decke gefangen. Einige Stunden »saß« er im Gemeindekotter, dann transportierte ich ihn, mit einer Hand die Fänge, mit der anderen Flügelspitzen und Stoß (Schwanz) haltend, auf meinem Schoß im Auto heimwärts. Übrigens kann man auch Altfänge mit etwas Geschicklichkeit und ohne Gefahr auf diese Weise befördern. Als sich der Jungadler erholt hatte, wurde ihm im italienischen Nationalpark Gran Paradiso die Freiheit geschenkt.

In Zoos darf man nur handaufgezogene, an eine Voliere gewöhnte Adler halten. Dies mit Altfängen zu tun, wäre eine Quälerei. Die Vögel fliegen nämlich ständig gegen das Gitter und stoßen sich Schnabel und Flügel blutig. Ein Steinadler, der in eine der selbstverständlich verbotenen Fallen geraten war, hatte sich dabei einen Fang gebrochen und wurde im Alpenzoo vom Tierarzt kunstgerecht geschient. Wochenlang saß er schön brav und ruhig immer am gleichen Fleck. Er ließ sich aus der Hand füttern und humpelte höchstens bis zum Wasserbecken, um zu trinken. Kaum aber war sein Gipsverband entfernt, und er fühlte sich wohl und unbehindert, tobte er gegen das Gitter. Wir entließen ihn sofort in die freie Wildbahn, obwohl wir ihn eigentlich noch einige Zeit unter Kontrolle hätten halten wollen.

Ein bedauerliches Adlererlebnis sei hier ebenfalls wiedergegeben. Von der Anhöhe eines Gebirgstales konnte man einen beflogenen Horst sehen und beobachten, wie die Adlereltern Futter eintrugen; aber dann war dort plötzlich Stille, und im Dorf sprach sich herum, daß ein Jungbauer die Dunenjungen ausgehorstet hätte und sie schon längere Zeit in einem dunklen Stall verborgen halte; ein doppeltes Vergehen gegen Jagd- und Naturschutzgesetz. Vielleicht wollte der Mann auch nur seinen Mut beweisen, denn das Abseilen vom Fels ist ja nicht ungefährlich. Die alten Adler hingegen nehmen immer Reißaus und niemand, der einen Horst bestieg, wurde je angegriffen. Man erinnere sich aber alter Romane von Ludwig Ganghofer, der beschreibt, wie Leute, die einen Horst von unten her bestiegen, von den Jungadlern mit Kot bespritzt wurden und dann erblindeten. Vielleicht kam es tatsächlich einmal zufällig vor, daß jemand dies erleben mußte, aber es wäre falsch, von einer bewußten, öfter wiederkehrenden Handlung zu sprechen.

Als ich mit dem zuständigen Jagdpächter und einem Gendarmeriebeamten die beiden Jungadler beschlagnahmen und in Pflege übernehmen sollte, lebte nur noch einer. Den zweiten, den ich nun in meine Hände bekam, mußten wir auch töten. Er war zwar bereits erwachsen, konnte aber weder die Schwingen heben, noch sich auf seinen Fängen halten. Die armen Tiere waren wochenlang nur mit dem billigsten Fleisch, nämlich Lunge, gefüttert worden. Die Knochen waren wegen dieser einseitigen Nahrung weich und ließen sich sogar biegen. Abwechslungsreiche Futtergabe mit Ballaststoffen, also Knochen mit Haaren, wäre notwendig gewesen. Nur so kann es auch zu der nötigen Gewöllebildung kommen, bei der unverdaute Nahrungsreste auf ganz natürliche Weise erbrochen werden.

Unter den unglaublichsten Umständen geriet ich manchmal in den Besitz von Jungadlern. Ein Bergwanderer brachte einmal einen Vogel, der noch nicht fliegen konnte. Er hatte ihn abseits eines vielbegangenen Weges gefunden, zwischen zwei Felsbrocken eingeklemmt. Dort mußte das Tier wohl schon einige Tage verbracht haben, denn es war ausgehungert, stark geschwächt, und die Schnabelränder, die Fänge und die Wachshaut, die beim gesunden Vogel satt gelb sind, waren weißlich. Nicht einmal dem zuständigen Jäger war in der näheren Umgebung ein Adlerhorst bekannt. Dieser Jungvogel wuchs aber bei sorgfältiger Pflege zu einem prachtvollen Adler heran.

Horste werden in den Alpen immer im Fels unterhalb der Waldgrenze gebaut. Vor etwa dreißig Jahren wurde mir einer gemeldet, der vielleicht 200 Meter über der Sohle des oberen Inntales lag. Wußte man die Stelle, konnte man ihn von der Straße aus sehen und auch die Alttiere beim Eintragen der Beute beobachten. Der Horst wurde allerdings, soweit mir bekannt, nur einmal beflogen und dürfte, da nur spärlich ausgebaut, von einem jungen Paar errichtet worden sein. Auch aus Osttirol kannte ich einen solchen, der kaum Nistmaterial aufwies, obwohl er mit zwei Jungen besetzt war. Im Gegensatz dazu wußte ich einen sicher seit Jahrzehnten immer wieder einmal beflogenen Horst im Karwendel, der sich zwei Meter hoch in eine Felsspalte einfügte. Dies liegt schon ein halbes Jahrhundert zurück, und inzwischen hat ihn sicher der Sturm über den Fels getragen, denn er bietet ab einer gewissen Größe eine gewaltige Angriffsfläche.

Das Adlerpaar baut im Laufe der Zeit mehrere Horste oder bessert verlassene aus, weil jedes Jahr ein anderer beflogen wird. So kommt es oft zu Meldungen, die eine Besiedlungsdichte vortäuschen, die eben nicht stimmen kann, ein willkommener Anlaß, um Abschußgenehmigungen zu fordern. Auch wenn die Jungadler flügge und noch durch längere Zeit mit den Eltern beisammen sind, kommt es zu Fehleinschätzungen. Begegnen sich zwei Paare mit je ein bis zwei Jungen an ihren Reviergrenzen – dabei zeigen sie die herrlichsten Flugspiele –, so ist dies noch lange kein Beweis für ein Überhandnehmen des Steinadlers.

Daß auch kriegerische Ereignisse den Steinadlerbestand beeinflussen, weiß ich aus Erfahrung. Nach dem Ersten Weltkrieg konnte fast jeder Soldat von der Südtiroler Front sein Gewehr mit heimnehmen. Es wurde nicht nur fleißig gewildert, sondern auch dem Adler nachgestellt, und sein Bestand war gefährdet.

In meiner frühesten Jugend bekam ich einmal ein auch damals schon altes Foto zu Gesicht, das auf mich einen mächtigen Eindruck machte (in dieser Zeit war der Gedanke des Naturschutzes noch völlig unbekannt). Genau das Bild, wie wir uns eine Aushorstung anno dazumal vorstellen: Ein Dutzend finsterer Gestalten, ausgestattet mit Kletterseilen, hatte sich mit ihrer Jagdbeute aufnehmen lassen. Zwei tote, alte Adler wurden mit ausgespreizten Schwingen gezeigt, die beiden Jungadler, die noch ihr Dunenkleid trugen, lebten zwar, waren aber sicher bald darauf an falscher Pflege zugrunde gegangen. Ein Aufgebot verwegener Leute aus allen umliegenden Höfen – sie fühlten sich sicher durch die Adler geschädigt – waren wohl zuerst darangegangen, die Altvögel am Horst abzuknallen, denn man glaubte, die Eltern würden das Leben menschlicher Horstplünderer gefährden. Waren die erwachsenen Tiere nach längerem Ansitz erlegt, holte man die Jungen. Dann wurden die Täter noch als Helden gefeiert, und man kann sich denken, welch große Anzahl von Adlern auf diese Weise durch Jahrzehnte hindurch vernichtet wurde. Ein Abschuß am Horst gilt heute als unweidmännisch, es wird höchstens eine Bewilligung zur Aushorstung der Jungen erteilt.

Einmal brachte mir jemand im Herbst aus einem schon längst verlassenen Horst ein wohl unbefruchtetes Ei. Steinadlereier sind etwas größer als Gänseeier, weißlich mit braun-violetten, feineren oder gröberen Flecken, die meist am stumpfen Ende dichter stehen. Ich hätte eigentlich auf das, was nun passierte, gefaßt sein müssen: Um das Ei auszublasen, was unbedingt nötig ist, wenn man es für eine Sammlung aufbewahren will, bohrte ich wie üblich ein winziges Loch und – da geschah es! In dem Augenblick, da Luft eindringen konnte, explodierte es mit einem Knall, und ich war vor allem im Gesicht mit dem übelriechenden Inhalt besudelt, nicht gerade zur Freude meiner Frau. Seither blase ich Eier nur unter Wasser aus, um solches Übel zu verhindern.

Bei der Darstellung von Adlern, egal ob im Bild oder etwa aus Holz geschnitzt, leisten sich Künstler oft allzuviel Freiheiten. Einwandfreie Wiedergaben sind selten. Das gleiche gilt übrigens auch für Eulen, bei welchen kaum einmal berücksichtigt wird, daß sie Wendezehen haben. Stets liegen vorne drei und hinten eine Zehe, statt deren je zwei vorne und hinten. Beim Adler, wie bei allen Greifen, haben die Innen- und Hinterzehen die mächtigsten Krallen, mit welchen die Beute beim Kröpfen niedergehalten wird. Fast immer zeigen die Bilder gleichlange Zehen und gleichlange Krallen (was auch falsch ist). Noch stärker verunstaltend ist die Darstellung der Schwingen, die oft mit viel zu wenig Federn ausgestattet werden, auch der Stoß wird häufig mit gezwirbelten Federn gezeichnet. In so entstellter Form will man den uns stolz erscheinenden Adler als Wappentier darbieten. Aber auch beim lebenden Steinadler sehen wir nicht immer die vielfach gerühmte, stolze Haltung. Wenn er am Boden »dahinhoppelt«, erscheint er geradezu tolpatschig.

In diesem Zusammenhang erhebt sich die Frage, warum man in seinen Heimatgebieten nicht den Bartgeier zum Wappentier erwählt hat. Im Flachland kannte man als Vorbild ja nur den Steinadler, eventuell auch den Seeadler. Aber in den Alpen und anderen Gebirgen gab es doch den Bartgeier, dem man – allerdings meist zu Unrecht – die gleichen bewundernswerten Eigenschaften in noch höherem Maße andichtete als dem Steinadler. Hat das Wort Adler mehr fasziniert als das Wort Geier?

Der Bartgeier, der im älteren Schrifttum unter dem irreführenden Namen Lämmergeier erwähnt wird, ist Gegenstand vieler schauriger Berichte. Seine Kühnheit sei so weit gegangen, daß er auch Kinder geraubt und Erwachsene angefallen und in

Bartgeier, Deckfarben, 32,5 × 27 cm

den Abgrund gestoßen habe. Sonderbarerweise stammen solche Schilderungen vorwiegend aus der Schweiz, während in anderen Gegenden der Alpen eher einmal der Steinadler für solche Berichte herhalten mußte. Keine dieser Geschichten kann heute kontrolliert werden, wir wissen nur, daß der Bartgeier in der Nahrungskette nach dem Steinadler kommt. Dieser ist der Draufgänger, der mit seinen mächtigen Fängen imstande ist, die Beute zu schlagen, während der Bartgeier vorwiegend Knochen verzehrt. Unvorstellbar scharfe Verdauungssäfte lösen diese auf, und sie erscheinen im Kot wie Kreidestückchen wieder. Sicher ist, daß Bartgeier vom Adler übriggelassene oder halbverweste, bei der Schneeschmelze ausgeaperte Beutetiere manchmal hoch in die Luft tragen und fallenlassen, damit die Knochen zerschellen und leichter verschlungen werden können.

Kein Vogel ist im Zoo leichter zu füttern als der Bartgeier. Man braucht eigentlich nur die Knochen, die andere Greife übriglassen, zerhacken und ihm vorwerfen. Erst als wir im Alpenzoo diese Tatsache überlegten und uns beim Füttern danach richteten, hatten wir erstmalig Nachzucht. Auch andere Tiergärten, die sich unsere Erfahrungen zu eigen machten, hatten plötzlich Zuchterfolge, bei einem in freier Natur so selten gewordenen Vogel eine höchst erfreuliche Tatsache! Natürlich verschlingt der Bartgeier lieber Knochen mit Mark als etwa Rippen, aber bei zu reichlicher Fleischfütterung setzt er Fett an und schreitet nicht zur Brut. Nur für Jungenaufzucht erhalten die Eltern tote Kleintiere, von welchen sie Fleisch und kleinere Knochen herunterlösen und dem Kücken vorsichtig mit dem Schnabel reichen, während etwa die Gänsegeier das halbverdaute Futter aus dem Kropf würgen. Außer dem Namen hat ja der Bartgeier mit den echten Geiern wenig gemeinsam.

Im Zoo kann man jedoch viele Unterschiede zwischen Bartgeier und Steinadler beobachten. Der Horst des Adlers wird von ihm heftig verteidigt. Ein von mir aufgezogenes, auf mich »geprägtes« Steinadlermännchen flog mich während der Balz- und Brutzeit ungestüm an, wenn ich an der Voliere vorbeikam. Wir mußten schließlich Gitter mit engeren Maschen anbringen, damit der Steinadler mich nicht doch einmal mit den Fängen erwische. Erst nach meiner Pensionierung, als er mich nun seltener sah, schien mich der Vogel zu vergessen und beachtete mich jetzt nicht mehr.

Den Bartgeierhorst im Zoo zu »besteigen« ist vollkommen gefahrlos. Schon wenn man die Leiter anlegt, weichen die Vögel aus und verhalten sich in nächster Nähe meist ruhig. Hat man sich zurückgezogen, suchen sie sofort ihren Brutplatz wieder auf und beruhigen sich sehr schnell.

Der Horst des Bartgeiers ist reichlich mit Schafwolle ausgepolstert. Wir im Alpenzoo geben den Vögeln auch zerschnittene Wollsachen, die gerne eingetragen werden. Die ein bis zwei Eier liegen in einer tiefen Mulde, und das brütende Weibchen, das fallweise vom Männchen abgelöst wird, kann so auch bei klirrender Kälte genügend Wärme bieten, so daß nach etwa 55 Tagen das Junge schlüpft.

Nebenbei bemerkt sind in den Alpen außer dem Bartgeier auch der Tannenhäher und der Kreuzschnabel Winterbrüter.

Beim Baden taucht der Steinadler gehörig ein, bis sein Gefieder vor Nässe trieft, beim Bartgeier sieht man, daß er sich nur oberflächlich mit Wasser benetzt.

Der schwedische Tierschriftsteller Bengt Berg hat in seinem Buch »Der Lämmergeier im Himalaya« (Berlin 1931) die Geschichte mit dem Kinderraub durch Bartgeier aus altem Schrifttum übernommen. Kritiklos hat er damit in einem sonst wertvollen Buch, in dem er erstmals in freier Natur aufgenommene Bilder dieses Vogels zeigte, so fragwürdige Berichte gebracht. Durch Jahrzehnte hatten solche vielfach abgeschriebene und wiedergegebene Märchen den Bartgeier in ein falsches Licht gerückt.

Die ältesten, wenigstens zum Teil glaubhaften Berichte über die alpine Fauna veröffentlichte der Schweizer Friedrich von Tschudi, dessen Buch »Das Thierleben der Alpenwelt« 1853 in Leipzig erschien und zahlreiche Auflagen erlebte. Seine Schilderungen über den Bartgeier beginnen mit den Worten: »Je höher der Wanderer hinandringt zu den diamantenen Kronen der Hochgebirge, desto mehr sieht er sich verlassen von der menschenfreundlichen Vegetation der Mittelalpen und gleichermaßen von dem sie begleitenden und an sie gebundenen Thierleben.«

Wenn man dies liest, erscheint es einem wie ein Bericht aus einer anderen Welt, unwillkürlich zieht man Vergleiche mit damals und diese lassen einen traurig werden. Denn wo könnte man sich heute bei den vielen Seilbahnen, Sesselliften und Schipisten allein fühlen?

Als 1973 erstmals Bartgeier im Alpenzoo brüteten, erwuchs neuerdings der zwar schon alte Gedanke, diesen prächtigen Greif in seiner Heimat wieder einzubürgern. Seither gab es im Alpenzoo bereits siebzehn Jungvögel, die alle bis auf einen aufkamen. Durch wertvolle Zusammenarbeit aller Interessierter gab es dann auch anderweitig Nachzucht, und der Tag, an dem der Bartgeier wieder seine Kreise über den Alpen ziehen wird, rückt langsam näher. Zudem zeigen sich im salzburgischen Rauris-Tal seit Jahrzehnten immer wieder einmal einzelne Exemplare, meist sind sie im Jugendkleid. Werden die in menschlicher Pflege stehenden Vögel in Freiheit gesetzt, könnten sie, mit etwas Glück, die Wiederansiedlung ermöglichen. Man wird allerdings am Anfang auf zusätzliche Futterplätze nicht verzichten können.

Nicht verschwiegen sei an dieser Stelle, daß wir den Erfolg in der Zucht des Bartgeiers, der auch zur Erweiterung der bis dahin mangelhaften Kenntnisse über diesen Vogel beitrug, einem leider zu früh verstorbenen Freund verdanken. Es war Prof. Dr. W. Ullrich, der damalige Direktor des Dresdener Zoos, der dem Alpenzoo ein Paar Bartgeier überließ, nachdem er sich überzeugt hatte, daß wir in Innsbruck eine Voliere bereithielten, deren Einrichtung erfolgversprechend gestaltet schien, und daß vor allem die paarweise Alleinhaltung der Vögel sichergestellt war.

Wenn auf solche Weise alljährig ein bis zwei Bartgeier großgezogen werden können, so gewinnt man nach den ersten Beobachtungen allmählich den Blick für alles Wissenswerte, und die Forschung wird zur planvollen, zielgerichteten Alltagsarbeit. Brutdauer, Schlupfablauf und das Heranwachsen des Jungvogels werden nunmehr auf Gleichlauf mit früheren Erfahrungen überprüft. Noch interessanter wird es, wenn man das zweite Ei im Brutkasten ausbrüten läßt oder das schwächere Junge, schwächer vor allem, da es einige Tage später schlüpft, selbst aufzieht. Das ist eine Vorsichtsmaßnahme, da meist der erstgeborene Jungvogel das zartere Geschwister zurückdrängt und verfolgt. So stirbt dieses schließlich an Erschöpfung. Erst wenn der aufgepäppelte Vogel größer ist, wird er wieder in den Horst gesetzt. Vorerst trennt man ihn aber vom älteren noch durch einen Balken, über den hinweg sie sich kennenlernen können. So ist es dem einen auch nicht möglich, den anderen beim Gefüttertwerden durch die Eltern zu bedrängen.

Die durch die erstmalige Zucht von Bartgeiern im Alpenzoo gemachten Erfahrungen gaben auch anderweitig Anlaß zu erfolgreichen Bruten. So konnten seit 1986/87 sechs junge Bartgeier (davon zwei vom Alpenzoo) in den salzburgischen und drei (davon ebenfalls zwei aus dem Alpenzoo) in den südfranzösischen Alpen in Freiheit gesetzt werden.

Weil wir nun davon träumen können, daß bald einmal eine Schuld des Menschen, die Ausrottung des Bartgeiers in den Alpen, wiedergutgemacht werden wird, möchte ich an einen anderen Geier, den Gänsegeier, erinnern. Er bewohnt seit langer Zeit jeden Sommer das Rauris-Tal und seine weitere Umgebung. Früher, als während der warmen Jahreszeit noch zehn- bis zwölftausend Schafe aufgetrieben wurden, stürzten davon immer so viele zu Tode, daß den mächtigen Vögeln der Tisch stets gedeckt war. Heute werden sie zusätzlich gefüttert, und zu ihnen stoßen fallweise auch die im Salzburger Tiergarten Hellbrunn freifliegend gehaltenen Artgenossen.

Nun runde ich meinen Bericht mit einer Geschichte ab, die mir der unvergeßliche Gründer des Museums »Haus der Natur« (Salzburg) Prof. Dr. E. P. Tratz einst erzählte. Der Inhalt ergänzt sich mit meinem zu Beginn geschilderten Adlererlebnis. Irgendwo in den Bergen wähnte sich eine Bergsteigerin vollkommen allein, wollte sich ungeniert zwischen Felsblöcken sonnen und schlief dabei ein. dann wurde sie durch irgendetwas geweckt und staunte nicht wenig, als sie knapp neben sich einen Gänsegeier und in näherem Umkreis noch deren mehrere erblickte. Erschreckt setzte sie sich auf,

Rebhühner, Deckfarben und Kreide, 29,4 × 27,5 cm

und die Gänsegeier strichen nach der Reihe ab. Natürlich hatten sie Nahrung erwartet, eine tote Beute, die sich aber plötzlich rührte. Die Dame wäre sicher einmal, hätte sie sich »totgestellt«, von einem Geierschnabel darauf untersucht worden, ob sie noch am Leben wäre. So machen es diese Vögel ja auch mit abgestürzten Schafen, nie schlagen sie lebende Tiere.

Alpenstrandläufer, Studien in Bleistift und Kreide, 24,4 × 17,3 cm

Alpenstrandläufer, Federstudien, 12,3 × 20,2 cm

Alpenstrandläufer und Halsbandregenpfeifer, Deckfarbenstudien, 27,3 × 23,6 cm

Geierperlhuhn und Haubentaucher, Federskizzen über Bleistift, 23,1 × 16,2 cm
Geierperlhuhn, aquarellierte Federzeichnung, 21,2 × 13,2 cm

Uhu, Deckfarben, 24,5 × 19,8 cm

Zwergohreule, Bleistift, 16,6 × 8 cm

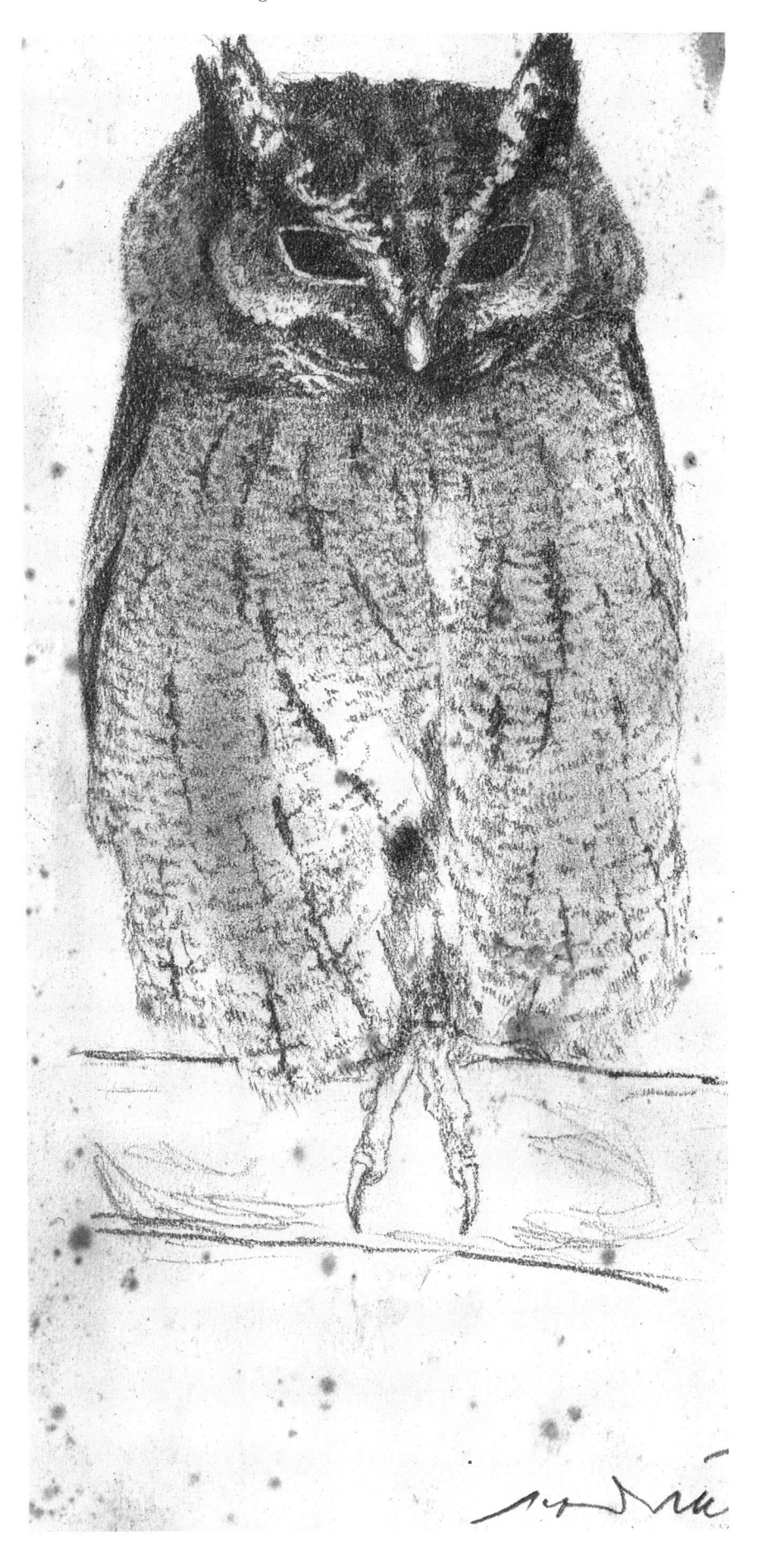

Junger Eichelhäher, Deckfarben, 11,7 × 12,3 cm

Ilkka Koivisto
Helsinki

Von der Balz der Birkhühner

An einem Morgen im März, vor zwanzig Jahren, habe ich fürchterlich gefroren. Ich hatte zu wenig Kleider mitgenommen, und mein Schutz war nur eine Hütte, die dünne Wände hatte. Das Thermometer zeigte draußen minus 28 Grad. Ich hatte auch früher gefroren, wenn ich Birkhühner beobachtete, unzählige Male, grundlegend anders war es damals auch nicht gewesen, aber jetzt war es besonders kalt. Ich machte mir Gedanken, wie ich mit den kalten Fingern schreiben könnte, wenn ich Notizen machen wollte.

Ich wartete auf die Birkhühner. Die Sonne war aufgegangen, die Uhr zeigte um sechs, aber kein einziges Birkhuhn war zu sehen. Da hörte ich plötzlich den bekannten Ruf des Birkhuhns »Tschiuu – Tschi«, und zwei Birkhühner kamen aus südlicher Richtung angeflogen. Es waren pechschwarze Hähne, sie landeten hinter mir auf den Kiefernspitzen. Dabei ließen sie nochmals ihren Ruf hören, dann schwiegen sie. Nach ein paar Minuten hob der zweite seinen Schwanz und begann, einen merkwürdig sprudelnden Balzgesang anzuheben, für den die Luftsäcke eine starke Resonanz schaffen; die Stimme wird dadurch tragend, wie wir es beim Kuckuck kennen. Ich konnte die Vögel durch das Loch an der Hinterwand der Hütte beobachten. Doch ich mußte vorsichtig sein, den das Birkhuhn ist ein scheuer Vogel. Der andere Hahn setzte seinen Gesang einige Minuten lang fort. Dann schwieg auch er. Es gewann den Anschein, als hätte die Kälte seine Stimme erfrieren lassen. Beide saßen still, etwa zehn Minuten lang, und beobachteten ihre Umgebung. Dann gab der Zweite den Warnruf »Kuk – Kuk«, und plötzlich stiegen die Vögel auf. An dem Morgen würden die nicht mehr wiederkommen.

Ich wartete noch eine Weile und fror immer mehr. Dabei mußte ich auch noch meine Handschuhe ausziehen, um die wenigen Notizen von den kurzen Ereignissen aufzuschreiben. Dann kroch ich aus meinem Versteck, nahm meine Langlaufskier und lief meinen Weg zurück zum Stützpunkt, der zwei Kilometer entfernt lag. Beim Langlaufen wurde mir langsam wärmer, doch richtig wohl fühlte ich mich erst drinnen vor dem Kamin.

Wieder hatte ich einen Morgen in diesem Frühjahr hinter mir, an dem die Arbeit fast vergebens war. Aber zum Glück kam der Frühling näher, und das Leben der Birkhühner würde schon in den nächsten Wochen lebhafter werden, das Wetter versprach Wärme.

Im Jahre 1960 hatten meine Kollegen und ich als ein Projekt für viele Jahre die Erforschung des Lebens einer Birkhuhnpopulation in Evos Staatspark, Bezirk Häme, wo sich eine Wildforschungsstation befand, in Angriff genommen. An dem Morgen, von dem ich soeben erzählte, schrieben wir das Jahr 1962, und wir waren, jedenfalls nach unserer Meinung, noch nicht viel weiter gekommen, sondern standen noch ganz am Anfang. Bis dahin hatten in Europa auf die von uns gewählte Weise Waldhühner nur David Jenkins und Adam Watson bearbeitet. Ihr Forschungsobjekt war das Schottische Moorschneehuhn, und die dichte Population auf Aberdeens hochgelegener Heide hat sehr rasch interessante Ergebnisse ermöglicht.

Als »einzig seligmachende Methode« unserer Forschungsarbeit strebten wir an, die Vögel so zu kennzeichnen, daß man schon aus weiter Ferne die Individuen erkennen und voneinander unterscheiden kann.

Dazu muß man die Vögel lebend fangen, ohne ihnen Schaden zuzufügen, abgesehen vom Schreck, den sie beim Fangen erleben. Die günstigste Zeit, in der man die Vögel lebendig fangen sollte, ist nach unsrer Meinung die Periode der Frühjahrsbalz. Schon beim Fangen haben wir wertvolles Beobachtungsmaterial über die Balz gesammelt und wichtige Erkenntnisse gewonnen, dieses Material half uns sehr beim Fortgang unserer Forschungsarbeit.

Das Birkhuhn ist ein scheuer Vogel, er flieht schon, wenn man sich ihm aus weiter Entfernung nähert. Die größten Hähne, die wir gewogen haben, waren 1,5 kg schwer, die größten Hennen wogen über ein Kilo. Schwache Fanggeräte können solchen kräftigen Vögeln nichts anhaben.

Es gibt sehr wenig Birkhühner, deswegen mußten wir jede Situation vorher genau durchdenken und die Fangmethode immer mit den natürlichen Verhaltensweisen der Wildhühner in Einklang bringen. Zunächst versuchten wir es mit gewöhnlichen Fischernetzen, deren Maschenweite nach unserer Meinung passend war, einem einfachen Fanggerät, das beim Fangen von den kleinen Vögeln auch heute noch gebräuchlich ist. Wir hatten nicht viel Erfolg. Wenn das Birkhuhn auf dem Boden läuft, geht es schlau dem Netz aus dem Wege; wenn es etwas ungewöhnliches in seinem Revier bemerkt, bleibt es stehen und kehrt um. Nur beim heftigen Kampf kann der Birkhahn aus Versehen ins Netz geraten. Die Hennen lassen sich leichter erwischen, denn sie kennen sich auf dem Balzplatz nicht so gut aus.

An den offenen Stellen, jedenfalls auf der Eisfläche des Sees, wäre dieser Versuch mit dem Netz vergebens gewesen, obwohl die Netze aus farblosem wasserklarem Nylon bestehen. An den bedeckten Stellen, besonders nach der Schneeschmelze, hätte es mit den Netzen gelingen können, aber dort waren ständig Zweige im Wege. Wir probierten auch Käfige mit netzmaschigen Wänden, deren Türen verschiedene Fallmechanismen aufwiesen.

Mit den Käfigen hatten wir dann Erfolg, wenn wir zweiteilige Fallen benutzten und in ein Abteil eine Birkhenne setzten. In unserer Forschungsstation hielten wir damals Birkhühner und andere Rauhfußhühner. Gleich an dem Morgen, als wir den ersten Versuch unternahmen, umliefen die Hähne eifrig den Käfig, und gleich ging ein Hahn in diese Falle. Als der Birkhahn merkte, daß er gefangen war, fing er an, mit den Flügeln zu schlagen. Die anderen Vögel bekamen Angst und flogen davon. Ich lief mit meinem Forscherkollegen Yrjö Paasikunnas zum Fanggerät, um den Birkhahn herauszunehmen. Aber in dem Augenblick fiel der Käfig um, und unser Birkhuhn spazierte heraus. Es schaute sich um, und bevor wir es fangen konnten, stieg es auf und verschwand in die gleiche Richtung, in die alle anderen vorher geflogen waren. Dorthin eilte auch unser gefangengenommener Birkhahn, den wir nach dem Beringen freigelassen hatten. Schließlich bauten wir ein sogenanntes Granatwerfernetz, einen Apparat, den man früher erfolgreich beim Gänsefangen auf dem Feld während des Frühjahrs- und Herbstzuges benutzte. Der Apparat besteht, wie bekannt, aus einem Netz, das aus stabilem Garn gewebt ist und mittels Patronen entfaltet und über eine bestimmte Fläche ausgebreitet werden kann. Unser Netz war cirka 200 m² groß.

Wir hatten viele Probleme zu lösen. Am Anfang wollten die Patronen nicht gleichzeitig zünden, wir mußten die Pulvermenge ganz genau dosieren und darin Grieß vermischen, damit das Pulver langsam brennt, sonst wäre »die Granate« zu schnell in die Luft gegangen und der Flug dagegen zu kurz gewesen. Aber wir wollten ja einen weiten und schönen Bogen haben. Zu plötzliches Anwerfen hätte auch dem Netz schaden können. Es war vielleicht dumme Nostalgie von mir, alles selbst anfertigen zu wollen, aber die technischen Probleme hielten uns geistig fit, und die Zusammenarbeit in unserer Forschungsgruppe wurde gefestigt. Manchmal waren wir ganz »am Ende«, weil wir zu wenig Schlaf hatten. Heutzutage kann man solche Geräte fertig kaufen, und die funktionieren hundertprozentig, aber vielleicht verliert man dabei etwas vom »Salz des Lebens«, wie auch in vielen anderen Dingen. Eine Autoreise ist heute kein großes Abenteuer mehr wie es vor 50 Jahren der Fall war.

Das Fangen auf den Eisflächen des Sees zur besten Zeit der Balz war deswegen schwierig, weil die Eisfläche schon gefährlich dünn aussah. Das Netz mußte schon am Abend vorher fertiggestellt werden. Wenn in der Nacht jedoch oft Frost kam, fror das Netz an der feuchten Eisfläche fest, ging schlecht ab und wurde dabei beschädigt. Wenn Birkhühner nach dem Schmelzen des Eises ans Land gingen, waren Äste, Büsche und Bäume ständig im Wege. Auf den Balzplätzen, die am Anfang des Frühjahrs von den Birkhühnern auf dem Festland besucht wurden, bestand das gleiche Problem natürlich die ganze Zeit.

Alles hätte eigentlich immer gelingen sollen, denn das Birkhuhn startet schnell, viel schneller als eine Gans. Uns ist es jedoch nur ab und zu gelungen, und es war eindrucksvoll, von der Seite her zu beobachten, wie das Netz in der Luft das Birkhuhn überholte und, den Vogel einschließend, niederfiel. Einige Male fingen wir gleichzeitig drei bis vier Birkhühner.

Innerhalb von vier Jahren haben wir cirka 50 Birkhühner gefangen, Hennen und Hähne. Einzelne kamen im Herbst hinzu, als wir sie mit Hafer angefüttert hatten. Bei diesen Fängen benutzten wir eine alte finnische Methode, das sogenannte »Birkhuhngefäß«. Als »Grundring« diente uns ein Metallring. Weiter benutzten wir zur Markierung der Vögel auch Plastikringe, aber beide kann man nur aus der Nähe erkennen und dann kaum, wenn der Boden mit Gras bedeckt ist oder der Vogel im Baum sitzt. Wir haben darüber immer wieder nachgedacht, und wir probierten manche gefundene Lösung auch aus. David Jenkins und Adam Watson hatten eine Plastikplakette benützt, bei der sehr deutlich das farbige Kennzeichen zu sehen ist. Diese Plakette bindet man an den Rücken des Rauhfußhuhnes fest, wie einen Rucksack. Das erwies sich bei den Rauhfußhühnern als günstig, wenn sie vom Boden starten, entweder als David und Adams Jagdhunde sie auftrieben oder die Männer nachpirschten; in jedem Fall flogen die Hühner immer vom Beobachter weg, und wenn er genauso schnell mit seinem Fernglas reagierte, wie die Jäger mit ihren Gewehren, konnte er immer »eine Beute« machen, eine Beobachtung vom beringten Vogel. Aber für Birkhühner war der Rucksack doch nicht passend. Erstens sieht man ein Birkhuhn selten von der Rückenseite, besonders im Winter, wenn sie vorwiegend in hohen Bäumen das Futter holen, und gerade die Beobachtungen im Winter stellten nach unserer Meinung die interessantesten dar. Außerdem war der »Rucksack« mit einem Risiko verbunden. Wenn sie in den Birkenästen das Futter suchen, können Birkhühner in den Zweigen hängen bleiben. Die Plakette müßte man beim Birkhuhn an den Flügeln festmachen können, aber wie? An den Federn kann man so leicht nichts befestigen, und bei der nächsten Mauser würde die Plakette in jedem Fall abgehen. Der schwarze Vogel läßt sich auch schlecht einfärben, und das hielte ja ebenfalls nur bis zur folgenden Mauser.

Fast zufällig fanden wir einen Federknopf vom Huhn, den die Dänen entworfen hatten, und wir versuchten, die Federplakette mit Hilfe des Knopfes festzumachen.

Der erste Hahn bekam eine weiße Plakette. Er verschwand gleich gänzlich, er war noch sehr jung. Der nächste erhielt eine rote Plakette, und dieser kehrte gleich am nächsten Morgen zu seinem ständigen Balzplatz in sein Revier zurück. Wahrscheinlich war es der gleiche Hahn, der im vorherigen Sommer in die Sohle meines Gummistiefels gebissen hatte. Diese kleine Episode paßt gerade hierhin. An einem Morgen gingen wir zum Balzplatz, der an einer Böschung lag. Dort wuchsen junge, höchstens zwei Meter hohe Kiefern. Hier und dort standen auch kleinere Fichten, die noch so groß waren, daß wir uns darunter verstecken konnten. Wir hatten keine Hütte gebaut, da wir dafür keinen passenden Platz fanden. Die Birkhähne kamen in der Früh, und es ging gleich richtig los. Plötzlich fühlte ich, daß jemand immer heftiger werdend an die Sohle meines Stiefels klopfte. Ich blieb still, denn ich wußte, daß dort ein Birkhahn stand. Er klopfte ein ganzes Weilchen, aber dann näherte sich ein anderer Birkhahn, und der Stiefel wurde uninteressant. Als uns die Birkhühner später verlassen hatten, schaute ich neugierig die Sohle meines Gummistiefels an, weil ich vermutete, daß der Birkhahn dort etwas angerichtet hätte. An der Sohle haftete eine rote Plakette. Vielleicht war die rote Plakette in der schwarzen Umgebung ein genauso erregendes Signal für den Birkhahn wie der rote Kamm eines anderen Birkhahns.

Wir konnten das gleiche feststellen, was David Lack früher ohne individuelles Erkennen einzelner Vögel angenommen hatte, daß der Birkhahn sein Revier auf dem Balzplatz Morgen für Morgen beherrscht. Wir konnten durch die Markierung auch erkennen, daß die Revierhähne dem gleichen Platz ein Jahr nach dem anderen treu bleiben. Wenn die Birkhühner sich im Herbst auf dem Balzplatz sammelten, sahen wir, daß die Hähne fast durchweg die gleichen Plätze einhielten wie im Frühjahr.

Die Reviere der Hähne und die Beziehungen der Hähne untereinander können natürlich nicht immer gleich und stabil bleiben. Der Birkhahn lebt ja auch nicht ewig. Von der Balzplatztreue der Hähne, von der ich zuvor erzählte, gibt es jedoch eine Ausnahme. In den äußersten Winkeln des Balzplatzes bewegen sich einige junge Vögel, die im vorherigen Jahr geboren wurden. Solche Vögel erkennt man auch daran, daß die Federn auf den Flügeln ein wenig bräunlich aussehen und das ganze Federkleid nicht so schön glänzt wie bei den älteren Hähnen. An den Flügelfedern kann man das Alter sicher ablesen. Genau so zuverlässig, obwohl es nicht so scheint, ist die Ermittlung des Alters nur durch das Verhalten. Der junge Hahn kann das Revier noch nicht für sich erobern, sondern bleibt auf dem äußersten Ring. Er hebt ab und zu seinen Schwanz zur Balzstellung, aber wenn ein älterer Hahn näher kommt, senkt er seinen Schwanz wieder und geht weg. Wir reihten diese jungen Hähne in die dritte Stufe der Rangordnung ein.

Innerhalb des Außenringes befanden sich die Reviere der Hähne, die in die zweite Stufe der Rangordnung gehören. Wir konnten feststellen, daß es sich bei den Hähnen dieser Rangordnung um zweijährige Tiere handelte, und erst wenn der Hahn dreijährig war, konnte er in die erste Klasse aufsteigen und für sich ein Revier in der Mitte des Balzplatzes erobern. Dieses Revier hält der Hahn dann bis zum Ende seines Lebens. Den Hennen war es zu verdanken, daß wir dies so genau feststellen konnten. Sie diskriminierten zweitklassige und drittklassige Hähne regelrecht und paarten sich nur mit den Hähnen, die sich in der Mitte des Balzplatzes befanden. Auf dem Balzplatz, wo rangniedrige Hähne anwesend waren, hielten sich dagegen nur etwa drei bis fünf Hennen auf, allgemein nicht mehr.

Der Zufall wollte es, daß zur gleichen Zeit ein Holländer namens Jaap Kruijt dieselben Ergebnisse veröffentlichte. Er hatte die Vögel zwar nicht markiert, war aber ebenfalls zu dem Ergebnis gekommen, daß die Birkhühner eine dreistufige Rangordnung besitzen.

Die Hähne der Mitte achteten gegenseitig genau auf die Einhaltung der Reviere. Sie kämpften viel weniger als die zweitklassigen Hähne, bei denen die Auseinandersetzungen um die Grenzen der Reviere fast ständig anhielten.

Am Anfang hatte ich schon von dem kalten Morgen am Balzplatz erzählt. Dieser Platz war fast aus Versehen gewählt worden. Im Sommer 1961 wütete ein Orkan, der in Finnland außergewöhnlich ist, auf unserem Forschungsgebiet und vernichtete mehrere Hektar Kiefernwald. Auf dem offenen Platz, der auf diese Weise zustande kam, war dieser Balzplatz drei Jahre zuvor entstanden. Ende April rückten die Birkhühner von dem naheliegenden See aus dorthin. Im Herbst des folgenden Jahres kamen sie zu diesem Platz, um zu balzen. Das Birkhuhn hat ja auch Herbstbalz. Als das nächste Frühjahr kam, kehrten die Birkhühner auf diesen offenen Platz zurück und gingen nicht mehr zu den traditionellen Plätzen auf der Eisfläche des Sees. Warum dies geschah, weiß ich nicht.

Auf diesem Platz stand ein sehr aktiver Hahn, ein wirklicher Superhahn, der zwar nicht sehr groß aussah, dafür aber sehr temperamentvoll war. Dem gelang es schon zu Anfang der Balz, den mittleren Platz zu erobern. Wir waren höchst erstaunt, als wir ihn gefangen hatten. Vor zwei Jahren ist er von uns im Alter von fünf Wochen beringt worden. Er war also erst zweijährig, und das verstieß gegen unsere Theorie.

Etwa am 20. April, fast von Jahr zu Jahr zum gleichen Zeitpunkt, zeigt sich im Verhalten des Birkhahns eine Änderung. Bis dahin kommen sie 15 bis 30 Minuten nach Sonnenaufgang zum Balzplatz. Jetzt aber ist ihre Ankunftszeit um eine Stunde vorgeschoben, sie erscheinen eine halbe Stunde vor Sonnenaufgang. Ich erinnere mich noch gut daran, als ich diese Erscheinung das erste Mal feststellte. Ich hatte vor, mit meinem Forschungskollegen Matti Pirkola Birkhühner auf einem offenen Feld zu fangen, das der Balzplatz für ein paar Hähne war. Wir sind rechtzeitig losgegangen, haben genau ausgerechnet, wann die Balz am frühen Morgen beginnen würde und hatten eine halbe Stunde Zeit, die Netze richtig aufzustellen. Wir fingen die Arbeit in der Dämmerung an und konnten gerade noch ein paar Meter Netz vorbereiten, als wir plötzlich ganz nah aus der Richtung eines kleinen Waldes den bekannten Ruf »Tschiuu – Tschi« hörten und dann landete der erste Birkhahn mit schlagenden Flügeln neben uns auf der Erde. Wir blieben bewegungslos, aber der Hahn bemerkte trotzdem gleich, daß etwas nicht in gewohnter Ordnung war. Ein zweiter Hahn konnte gerade noch landen, bevor der erstgekommene seinen Warnruf »kuk – kuk« gab, und dann stiegen beide auf und verschwanden in der Dämmerung. Wir breiteten die Netze aus und wunderten uns über das sonderbare Geschehen. Als Optimisten gingen wir dann in unser Versteck, um dort abzuwarten. Nach dem Sonnenaufgang kamen die Birkhühner und fingen das Balzen an, aber keines ist in das Netz gegangen.

Bis zum Ende des Frühjahrs geschah an jedem Morgen folgendes: Die Birkhühner erschienen in der Dämmerung und wurden vor dem Sonnenaufgang aktiv. Dabei kam eine merkwürdige Sache hinzu. Die Birkhühner blieben eines Tages bewegungslos auf ihren Plätzen. Diese Pause dauerte meist etwa 20 Minuten, sogar bis zu einer halben Stunde nach Sonnenaufgang, was sich täglich wiederholte. Wieder hatten sich neue Fragen ergeben. Was bedeutet dieser Rhythmus? Warum halten die Birkhühner diese merkwürdige Pause?

Je mehr ich die Ethologie des Birkhuhns untersuchte, desto mehr bin ich zu der Meinung gelangt, daß das Verhältnis zwischen Birkhuhn und Hühnerhabicht bedeutungsvoll ist. Diesen prächtigen Greifvogel gibt es in Finnland und in den nördlichen Teilen Eurasiens noch zahlreich. Der Hühnerhabicht ist der Hauptfeind des Birkhuhns und dabei der wichtigste Regulierer des Bestandes. Wenn ich an die Gesamtzahl der Birkhühner in der Population denke, die ich beobachtet habe, und auf der anderen Seite sehe, wie oft ich Reste eines Birkhuhns gefunden habe, das der Hühnerhabicht getötet hat, kann ich daraus nichts anderes folgern. Aber ich glaube nicht, wie viele Wildschützer es annehmen, daß wir mehr Birkhühner kriegen würden, wenn man die Hühnerhabichte vernichtete.

Die Fangmethode des Hühnerhabichts ist die einzige Möglichkeit, das Birkhuhn sicher zu erbeuten, nämlich unbemerkbares Annähern und Überrumpelung. Daß die Birkhühner möglichst auf einem offenen Platz balzen, ist eine Anpassung an die Jagdmethode des Hühnerhabichts. Dort hat der Feind geringere Chancen überraschend zu kommen, und das Birkhuhn kann unbehindert starten und fliegt dann schneller als der Hühnerhabicht. Allerdings ganz sicher ist ein solcher offener Balzplatz auch nicht. Ich habe dort einmal miterlebt, wie ein Birkhuhn vom Habicht gefangen wurde.

Das Nisten der Henne hat sich in Nord-Europa so ergeben, daß die Jungen zwischen dem 10.–20. Juni ausschlüpfen, also zur Zeit des Sommeranfangs, wenn es im Heidelbeerkraut genug passende Nahrung gibt. Den Zeitpunkt für das Eierlegen bestimmen die Überlebenschancen der Jungen, die widerstandsfähig sein müssen, bevor der Winter naht.

Die Weibchen kommen regelmäßig Ende April zum Balzplatz, und das Paaren beginnt schon in den ersten Tagen des Mai. Nach Mitte Mai sieht man am Balzplatz keine Weibchen mehr. In der eigentlichen Balzwoche geht es dann temperamentvoll zu, die Hähne zischen, springen und umkreisen die Hennen, bis die Werbung Erfolg zeigt. Oft meint man, daß es beim Kämpfen der Birkhühner und Auerhühner auf den Balzplätzen um Leben und Tod geht. Aber sehr selten enden die Kämpfe tragisch. Nur einmal haben wir in unseren Forschungsjahren einen bösen Kampf gesehen. Risto Komu, einer meiner Forschungskollegen, beobachtete das Balzen von sieben Birkhähnen an dem Ufer eines Sees, wo hohe Zwergsträucher wuchsen. Im Laufe des Kämpfens blieb ein Hahn in den Sträuchern hängen, und daraufhin griff sein Gegner von hinten an und hätte sein Opfer umgebracht, wenn Risto Komu nicht rechtzeitig zu Hilfe gekommen wäre.

Blaurake, Bleistiftstudie mit Deckweiß, 6 × 7,1 cm
Hausrind, Bleistiftskizze, 5,8 × 7,4 cm
Haushuhn, Bleistiftstudie, Kreide und Deckweiß, 9,8 × 7,4 cm

Über die Intelligenz des Orang Utans und des Schimpansen

Orang-Utan (Pongo pygmaeus): Die Dayaks und andere die Küstenregionen Sumatras und Kalimantans bewohnenden malayischen Volksstämme hatten die menschenähnlichen scheuen Wesen Orang Utan genannt. Dieser Name entstammt dem Malayischen und heißt nichts anderes als »Waldmensch«. Die Bewohner jener Gebiete sahen demnach keine offensichtlichen Gegensätze zwischen den auf Bäumen lebenden Orang Utans und den auf dem Boden wohnenden Urwaldmenschen, den Orang Kubus. Man glaubt dort – der Aberglaube ist bei diesen Volksstämmen noch weit verbreitet – es handele sich bei den Orang Utans um Menschen, die auf das Sprechen verzichten oder ihre Sprache verleugnen.

In den feuchtheißen, sehr schwer zu durchdringenden Dschungeln ihrer Heimat Sumatra und Kalimantan nur äußerst schwierig zu beobachten, galten die im Freileben noch wenig erforschten »roten Affen« gemeinhin als langweilig und träge. Erst systematische Verhaltensstudien rehabilitierten den Orang Utan und erhoben ihn in einen »Intelligenzgrad«, der gar nicht so tiefgreifend von dem der Schimpansen abweicht.

Die intensive Beschäftigung mit den Orang Utans, besonders den jüngeren, beweist immer wieder die unermüdliche erfinderische und oft überraschende Spielfreude und Liebenswürdigkeit dieser langhaarigen Gesellen, die auch im Wechselspiel ihrer vielfältigen, manchmal grotesk anmutenden Mimik deutlich zum Ausdruck kommt. Bei der Beschäftigung mit verschiedenen Gegenständen entwickelten Orangs erstaunliche Methoden von Werkzeugherstellung und -gebrauch. Bei gezielten verhaltenswissenschaftlichen Laborversuchen unter einfühlsamer, aber konsequenter Anleitung zeigen sie sich überraschend vielseitig, begabt, findig und anpassungsfähig. Aber auch bei vom Menschen unbeeinflußten Motivationen bzw. bei aus eigenem Antrieb erfolgenden Handlungen kommt es zu solchen erstaunlichen Leistungen, die bereits an ein vernunftbegabtes Handeln grenzen.

Ursprünglich unbeabsichtigt kam es im Jahre 1965 zu einer bis dahin in der Fachwelt noch völlig unbekannten Beobachtung. Bei kurz bevorstehenden Geburten ist es bei diesen Affen im Zoo allgemein üblich, das Männchen rechtzeitig vom Weibchen zu trennen, um letzteres und das Baby während des Geburtsvorganges nicht durch unvorhersehbares Verhalten des Vaters in Gefahr zu bringen. Trotz aller Bemühungen gelang dies nicht. Mit Beginn der Geburtsanzeichen – wahrscheinlich durch Schleimabgang beim Weibchen »Suma« sexuell stimuliert – bedrängte es der Mann, einer Vergewaltigung gleichkommend, sehr ungestüm. Die äußerst verängstigte Suma flüchtete und wehrte sich, soweit sie überhaupt dazu in der Lage war. (Auch der normale Begattungsakt kann sich sehr gewaltsam – aber auch friedlich-gefühlsbetont und zärtlich vollziehen.) Mit den letzten intensiven Wehen und bei Einsetzen der Austreibungsphase, dann als mit dem Scheitel das Oberteil des Köpfchens vom Baby in der Geburtsöffnung erschien, geschah etwas Außergewöhnliches, was uns zunächst in Schrecken versetzte: Das Verhalten von »Buschi« – so hieß der Vater – schlug von einem Augenblick auf den anderen ins Gegenteil um. Noch kannten wir seine Absicht nicht. Er hockte sich hinter die sich ebenfalls in Hockstellung abstützende Suma und drückte die Lippen seines geöffneten Mundes auf die gerade erkennbare Kopffläche des Kindes. War es aggressives Trachten? Buschi saugte sich mit vorgestreckten Lippen auf dem Scheitel des Babys fest und begann, den Unterdruck nutzend, vorsichtig, sanft am Köpfchen zu ziehen, ohne es anzufassen. Nun war es klar! Das Einsetzen der Geburt war das Signal für das Auslösen des völlig veränderten Verhaltens. In erstaunlicher Weise offenbarte sich überraschend ein aktives Geburtshilfeverhalten, das zudem noch im Prinzip dem modernen Vakuumverfahren bei der Geburtshilfe in der Humanmedizin ähnelte.

Nachfolgend die stoßweise auftretenden Preßwehen mit nutzend, übte Buschi einen sanften Zug aus, umfaßte dann das Kinn und den Hinterkopf mit seinen Lippen und zog so vorsichtig weiter, bis das Kind fast voll entwickelt war. Erst beim Erscheinen der Beine nahm er es sehr feinfühlig in seine großen derben Hände, um es leicht wiegend abzufangen, damit das Neugeborene nicht zu Boden fiel. Zugleich begann der besorgte Vater, das Fruchtwasser aus dem Fell des Babys zu saugen. Kurz darauf war der erste Schrei des Neuankömmlings zu hören, das Signal für Suma, sich ihrem Kind nun ebenfalls zuzuwenden. Die Anstrengungen waren ihr noch anzumerken. Buschi übergab es willig in ihre Arme, und beide beteiligten sich nun gemeinsam an der Trocknung des Felles ihres Sprößlings. Ein überraschender und eindrucksvoller Vorgang, der an ein vernunftbegabtes Verhalten grenzte bzw. z.T. ein solches bereits erkennen ließ. Vorsichtige Versuche Buschis, das Baby sanft zu berühren, wurden von Suma unmißverständlich abgewehrt, was er auch respektierte. Die Mutter hatte ihr Kind nun voll in Besitz genommen. Noch hielt sie die Nabelschnur und Nachgeburt in einer Hand. Buschi achtete besorgt darauf, daß sie damit beim Bewegen nicht am Kletterbaum hängen blieb und möglicherweise den Kleinen verletzte. Natürlich war Suma zwischendurch emsig mit dem Nestbau beschäftigt.

Bei den späteren Geburten bewährte sich Buschi ebenso als geschickte »Hebamme«. Suma lernte von Kind zu Kind mehr hinzu, gewann Erfahrungen und zeigte sich nicht mehr so ängstlich wie nach der ersten Geburt. Schon bald mußte auch der Vater das Kind »mal behalten«. Und »Uschi«, eine andere Orang-Mutter, übergab sogar dem vertrauten Tierpfleger als »Babysitter« von sich aus ihren Sprößling; zuletzt schon wenige Stunden nach der Geburt. Hatte der Pfleger einmal nicht die nötige Zeit, das Kind länger zu behalten, wich sie immer geschickt aus, es zurückzunehmen. Das war keine Vernachlässigung von Mutterpflichten, sondern die Inanspruchnahme einer willkommenen Entlastung oder Abwechslung, vielleicht auch das Bemühen, die angenehme Gesellschaft mit dem Tierpfleger länger auszudehnen. Ein solches Vertrauensverhältnis ist in jedem Falle sehr vorteilhaft. Dabei muß man natürlich Obacht geben, daß das Kleine ausreichend oft und lange bei der Mutter saugt.

Ich hatte mehrmals die glückliche Gelegenheit, eine solche Geburtshilfe in allen Phasen mit beobachten zu können. Es ist natürlich verfrüht, dieses spezifische Verhalten zu verallgemeinern, zumal weder aus anderen Zoos noch aus dem Freileben derartiges bisher bekannt geworden ist.

Erst während der letzten Jahrzehnte ist die Anzahl der Orang-Geburten und gelungenen Aufzuchten auf Grund besserer Haltungsbedingungen und Erfahrungen angestiegen, wenn auch noch viele Jungtiere künstlich aufgezogen werden müssen. In einigen Zoos – so auch in Dresden – sind bereits Nachzuchten erfolgreich in zweiter Zoogeneration zu verzeichnen. Im Tierpark München-Hellabrunn wurden vor einigen Jahren sogar Zwillinge geboren, die ihre ersten Lebensmonate in einer Kinderklinik verbrachten. Gleiche Hilfe hätte auch das Orangweibchen »Dalima« in Dresden – selbst auch dort zur Welt gekommen – in Anspruch nehmen können, wenn sein 1986 voll entwickelt geborenes Zwillingspärchen am Leben geblieben wäre.

Müssen Orang-Babys, gleich aus welchem Grunde, von einer Zootierpflegerin künstlich aufgezogen werden, so erfordert dies deren vollen Einsatz als Mutter, so wie sie es auch bei ihrem eigenen Baby tun müßte. Ja noch mehr: Affen-Kleinkinder lassen sich nicht ablegen. Der ständige Körperkontakt zur Mutter gewährt die beruhigende Empfindung der Geborgenheit, das psychische Gleichgewicht. Tag und Nacht, zumindest während der ersten Lebensmonate, muß die Ersatzmutter das kleine unruhige Wesen mit sich umhertragen; selbst im Bett muß der Kontakt erhalten bleiben. Ein anderes Problem ist die Prägung auf einen artfremden Partner, wie ihn die Pflegemutter darstellt. In frühen sensiblen Phasen entstandene Abweichungen vom artspezifischen Verhalten können später beim Zusammenbringen des kleinen Sonderlings mit normal aufgewachsenen Artgenossen zu Komplikationen führen, die sogar spätere Paarbildungen ausschließen. Vorteilhaft erweist es sich, solche fehlgeprägten Sprößlinge so früh wie möglich, wenn anfangs auch nur stundenweise, in Kindergruppen zu normal aufwachsenden Artgenossen zu bringen, um sie dort allmählich einzugewöhnen, ihnen das Normalverhalten wie eine »zweite Sprache« zu lehren. Alte Fehlprägungen bleiben jedoch meistens unterschwellig erhalten, ohne sich später wesentlich oder unbedingt störend auswirken zu müssen. Die geschilderte Methode hat sich im Dresdner Zoo bewährt. Orang-Mütter, besonders erstgebärende und unerfahrene, sind häufig sehr derb und ungeschickt zu ihren Babys, so daß die Jungen in Sorge um ihre Erhaltung oft von der Mutter abgesetzt werden und zur künstlichen Aufzucht kommen.

Im Dresdner Zoo benutzte Orang-Mutter Uschi ihr Neugeborenes Baby anfangs als Hut oder Ball, wie es Orangs normalerweise mit verschiedenen anderen Gegenständen im Spiel tun. Doch der »zweckentfremdete« Sprößling überstand diese äußerst derben »Spiele«, ohne Schaden zu nehmen. Etwas Geduld half, Uschi zeigte sich bald manierlicher.

Im Dresdner Zoo sind bisher (seit 1962) 18 Orang-Kinder geboren worden, von denen 13 von ihren Müttern aufgezogen wurden. Sechs Junge kamen bereits in zweiter Zoogeneration zur Welt. Interessante Vergleiche gab es bei der individuellen Erziehung des Nachwuchses zwischen dem bis zum Erwachsenenstadium bei der Mutter verbliebenen und den im Alter von etwa zwei Jahren von der Mutter getrennten Jungtieren. Während die ersteren durch die Mutter von allen Einwirkungen der Tierpfleger energisch abgeschirmt wurden und relativ »wild« blieben, ja sogar sich rüpelhaft oder aggressiv verhielten, zeigten sich die anderen, durch die konsequenten, zielgerichteten Einwirkungen in der Lernaktivität und Manipulierlust stimuliert, überraschend erziehungsfähig. Die in der Anlage vorhandenen höheren Potenzen der Hirnleistungsfähigkeit wurden voll in Anspruch genommen, trainiert und gefördert und somit dem Erziehungsprozeß voll nutzbar gemacht. Dabei erfährt auch die Bereitschaft, die Motivation zu gesteigerter psychischer Regsamkeit eine sichtliche Erhöhung. Es entpuppen sich auch sehr unterschiedliche Charaktere unter den einzelnen Jungtieren. Außerdem gewinnt das Spielverhalten in Form des Ausprobierens, des Findens neuer Wechselbeziehungen, angenehmer Überraschungen, neuer Anreize der Befriedigung von Neugierde und dgl. an Vielfältigkeit.

So ließ sich z. B. ein knapp drei Jahre altes Orang-Mädchen spontan zu einem Animierspiel ermuntern. Am gegenseitigen Füttern mit geschnittenen Möhren fand das Affenkind so viel Gefallen, daß es jedesmal, wenn ich von der mir entgegengehaltenen Wurzel gerade abbeißen wollte, diese von meinem Mund flink wegzog. Ich tat natürlich zwischendurch das gleiche. Die im wiederholten Wechselspiel betriebene Neckerei steigerte regelrecht die Stimmung meiner kleinen Partnerin, und mit sichtlich entspannter Miene und lächelnd erweitertem Mund reagierte sie lustbetont auf ihre »Erfolge«, wenn wieder ein »Streich« gelungen war. Ein solches Verhalten mit einer vorbedachten lustbetonten Absicht und stimmungsmäßig zum Ausdruck gebrachtem »Erfolgserlebnis« liegt bereits auf einer höheren psychischen Ebene.

In Münster konnten bei einem Orang-Weibchen »selbstbezogene Handlungen unter Spiegelbenutzung« nachgewiesen werden. Mit Hilfe eines Spiegels entfernte es zielgerichtet einen Farbfleck aus seinem Gesicht. Im Dresdner Zoo forderte ein etwa achtjähriges schwangeres Orang-Weibchen den ihr vertrauten Tierpfleger unmißverständlich auf, es zu massieren. Es hielt ihn fest oder versperrte ihm sehr deutlich den Weg, wenn er ohne die gewünschte »Dienstleistung« den Käfig vorzeitig verlassen wollte. Uschi faßte und führte seine Hand gezielt zu den Körperstellen, die sie massiert haben wollte und bewegte sie regelrecht anleitend so, wie er es auch machen sollte. Mit deutlich erkennbarem Wohlbehagen versuchte das Weibchen, den Pfleger, so lange es nur ging, mit allen möglichen raffinierten Tricks für sich in Anspruch zu nehmen. Interessant war hierbei zu beobachten, wie Uschi immer wieder in ihrem Erfahrungsschatz nach anderen Methoden suchte, wenn die bisher angewandten erfolglos blieben, um dann doch noch zum Ziel zu gelangen. Eine für ein Tier beachtliche Intelligenzleistung, eine logisch aufeinander abgestimmte Handlungskette mit einer Zielvorstellung war deutlich zu

Schimpanse, Deckfarbenstudie, 34,8 × 27,3 cm

erkennen. Die Qualität eines elementaren Suchautomatismus oder Appetenzverhaltens wurde hier bereits weit überschritten.

Schimpanse (Pan troglodytes): Schimpansen sind neben den ihnen sehr nahe stehenden Bonobos (Zwergschimpansen) die menschenähnlichsten Menschenaffen. Großes Aufsehen erregten schon in den Jahren 1912 bis 1920 die exakt wissenschaftlichen Versuche des bekannten Tierpsychologen W. Köhler auf Teneriffa mit Schimpansen. Durch eine Lockspeise angeregt, stapelten diese Primaten nach eigenem Ermessen zur Auswahl stehende Kisten in der richtigen Reihenfolge übereinander – natürlich klappte nicht alles gleich beim ersten Anlauf – bis sie die begehrte Banane erreichen konnten. Hiermit wurde bereits damals ein kombiniertes logisches Vorstellungsvermögen bzw. einfaches Abstrahieren bei Schimpansen nachgewiesen. Bestärkt durch diese Ergebnisse konnten auch in der Affenstation der Akademie der Wissenschaften der UdSSR in Suchumi am Schwarzen Meer solche Experimente bestätigt und darüber hinaus interessante neue Tatsachen gefunden werden. Während der letzten drei Jahrzehnte haben sich zu den zahlreichen Forschungen in Primatenzentren, Zoologischen Gärten und Universitäten viele, oft langjährige Freilandbeobachtungen und Untersuchungen in der Wildnis gesellt, so daß viele Lücken in der Kenntnis der Schimpansen geschlossen, z. T. aber auch manche bisher gültige Annahmen nicht mehr aufrecht gehalten werden konnten. A. Kortlandt führte u. a. aufschlußreiche Experimente über den Werkzeuggebrauch bei der Verteidigung gegen Raubfeinde (Leoparden) durch. Aus der großen Anzahl der wissenschaftlichen Untersuchungen während der sechziger und siebziger Jahre sind besonders die langzeitigen intensiven Forschungen der englischen Zoologin Jane van Lawick-Goodall an wildlebenden Schimpansen hervorzuheben. Unerschrocken – es war ein zoologisches Abenteuer – verbrachte sie mit nur kurzen Unterbrechungen weit über zehn Jahre im Gombe-Reservat am Tanganyikasee mitten in einer größeren Gruppe von wildlebenden Schimpansen. Deren anfänglicher Argwohn wandelte sich mit der Zeit bald in erstaunliches Vertrauen um. »Am Ende begrüßten sie mich fast wie einen der ihren«, berichtete die mutige engagierte Verhaltensforscherin. Der enge Gruppenkontakt, in den sie einbezogen war, eröffnete ihr den großen Vorteil, tiefer in das Gemeinschaftsleben und die Verhaltensstrukturen dieser unbeeinflußten Schimpansen einzudringen. Ihre neuen Erkenntnisse erregten in der Fachwelt und bei allen Tierfreunden erhebliches Aufsehen.

Doch es ist zu bezweifeln, daß selbst heute unsere Kenntnisse über Schimpansen bereits vollständig sind. Die ausgesprochene Geschicklichkeit, das Beobachtungsvermögen, der Nachahmungstrieb, die Findigkeit, die Manipulierfähigkeit sowie das gezielte Vorstellungsvermögen von bestimmten Absichten befähigen die klugen Affen auch zu allerlei unerwünschten Aktionen, z. B. Ausbrüchen, die mitunter regelrecht »vorbereitet« werden. So kratzte unsere vormals im Varieté engagierte intelligente Schimpansin »Butschi« die obere Hälfte der zur Befestigung des Käfigbodens dienenden 6-Zoll-Nägel vom Holz frei, bis sie diese mit der Hand fassen konnte. Dann versuchte sie, mit Ausdauer und Beharrlichkeit die Nägel durch seitliches Drücken und Ziehen aus dem Holz zu ziehen, was ihr auch in zwei Fällen gelang. Ein erstaunlicher Kraftakt! Ein bevorzugtes Werkzeug in Verbindung mit Türen sind Schlösser und Schlüssel, deren Funktionieren bald im konzentrierten Beobachten und Nachahmen folgerichtig erkannt wird. Ein einfaches Riegelschloß ohne zusätzliche Sicherung bietet bei diesen Affen keine Gewähr vor Ausbruch. Ein andermal versuchte die gleiche Äffin, im ähnlichen Verfahren durch immerwährendes Bewegen eines Gitterstabes das Metall zu ermüden und aus der Schweißnaht zu brechen. Ihre Beharrlichkeit wurde belohnt, der Stab brach ab, sie bog ihn mit bewundernswertem Geschick und Kraftanstrengung haarnadelförmig nach oben und zwängte sich sehr schmiegsam durch den nunmehr doppelten Gitterstababstand. Das Männchen »Jacky« folgte nach »Butschis« deutlich auffordernden Gesten. Die beiden beschäftigten sich zunächst damit, die eben verlegten Fliesen von den Wänden des sich anschließenden Raubtierhauses abzureißen – die Handwerker waren vorher von den Schimpansen bei ihrer fleißigen Arbeit beobachtet worden –, bis die zwei Ausreißer von einem Schlosser mit der laut zischenden Flamme eines Schweißbrenners zurückgedrängt werden konnten.

Und noch ein Beispiel von Butschis »Befreiungskünsten«. Schon nach kurzer Zeit hatte sie Konstruktion und Mechanismus des Türschiebers vom Innen- zum Außenkäfig in der Menschenaffenstation erkannt. Hinter das eng anliegende Verdeckblech mit den Fingerspitzen fassend, erreichte sie mit der dazu nötigen Voraussicht unter hohem Kraftaufwand, aber dennoch fein fühlend und tastend, die Zugöse des Schiebers, drückte diese mit ein oder zwei Fingerspitzen, sicher nicht schmerzlos, nach oben, bis sie mit der anderen Hand den nunmehr freien unteren Rand des schweren Schiebers ergreifen und ihn jetzt wesentlich bequemer nach oben drücken konnte. Wirklich ein vorbedachter raffinierter Trick! Aus ihrer »Künstlerzeit« im Varieté noch an »gute« Sitten gewöhnt, ließ sie ihrem Partner Jacky, für ihn den Schieber noch offen haltend, sogar den Vortritt.

Ähnlich wie seine Artgenossen in der Wildbahn ließ Jacky, der Ranghöchste in seiner kleinen Gruppe, auch im Zoo seine temperamentvollen Lärmereien regelrecht über die Bühne gehen. Er wollte immer sehr deutlich demonstrieren, wer hier der »Herr im Hause« ist. Mit ausdauernder Kraft und bei streng gestrafften Lippen vollführte er seine stampfenden Imponiertänze, trommelte laut dröhnend mit seinen Fäusten an die Eisenbleche der Schieber, richtete sich mit gesträubtem Fell und breit gewinkelten Armen kraftstrotzend und bedrohlich auf, schwang sich flink wie vom Katapult geschossen auf die Kletteräste, um mutig und Respekt heischend in Richtung seiner »Rivalen« – meistens waren dies die Kollegen der morgendlichen Inspektionsrunde – polternd und schrill schreiend wieder auf den Boden zu springen. Nicht selten war der letzte »Paukenschlag« ein kräftiges Donnern mit den Füßen gegen die hohlen Eisenblechschieber. Die Weibchen hatten sich bei Beginn der eindrucksvollen Kraftschau respektvoll hoch auf das Klettergerüst zurückgezogen, um demonstrativen Boxstößen oder Seitenhieben zu entgehen. Erst nach dem bekannten Schlußsignal stiegen sie vom Gerüst und versuchten, den nahezu erschöpften Kraftprotz zu beschwichtigen.

Fast wie nach Protokoll vollzog sich täglich die anstrengende Prozedur. Es ist nicht leicht, die Macht immer wieder erneut und unmißverständlich beweisen zu müssen. Doch eines Morgens geschah folgendes: Anders als sonst üblich stand der besagte Schieber offen. In gewohnter Routine und im höchsten Eifer, den Blick nach unten gerichtet, übersah Jacky diesen ungewohnten Umstand. Statt des zu erwartenden lauten »Paukenschlages« schoß er mit ungestümen Schwung, aber völlig lautlos in den Nebenraum ins Leere. Ein, zwei Minuten blieb es absolut still; nichts rührte sich. Erst dann kam er langsam mit gesenktem Haupt und schlaffherabhängender Unterlippe total deprimiert wieder zurück; es war ihm anzusehen, er konnte es nicht verbergen. »Wie konntet ihr mir eine solche Blamage antun!« hätte man es vielleicht ins Menschliche übertragen können. Im Freileben wäre dies nicht ohne Prestigeverlust abgegangen.

Butschi brachte es noch weiter, sie besaß sogar »Lehrbefähigung«. So, wie es ihr früher während ihrer »Künstlerkarriere« beigebracht worden war, versuchte sie es in Nachahmung – sie bewies ja immer wieder ein ausgezeichnetes Gedächtnis – an ihrem ausbildungsreifen dreijährigen Sohn »Fips«. Es gelang ihr gekonnt, ihm den Handstand beizubringen, wenn auch noch einige »künstlerische Feinheiten« fehlten. Stimuliert durch den Beifall der Zoobesucher, kam es immer wieder zu »Zugaben«. Fips schien regelrecht an seinen bewunderten Leistungen Wohlgefallen zu finden. Er tat es meist freiwillig aus eigenem Antrieb. Nur anfangs forderte ihn die Mutter gelegentlich dazu auf, wobei sie sich – erkennbar an ihren Gesten – natürlich auch vom Publikum bewundern ließ.

Die beiden Akteure begriffen anscheinend, was sie auslösten und fanden an den lauten Beifallskundgebungen Gefallen. Sichtlich besteht bei den Schimpansen der Drang bzw. das lustbetonte Verlangen, aufzufallen und beobachtet zu werden. So gefiel sich auch der bereits erwähnte Jacky, als er exponiert an höchster Stelle auf dem Klettergerüst stand, wartete, sich dabei immer wieder umschauend, bis er sich im Blickfeld des Publikums wähnte.

Erst dann sprang er in kraftprotzender Haltung imponierend auf den Boden.

Schimpansen sind die in ihrem Wesen kontaktbedürftigsten und anpassungsfähigsten Menschenaffen und in ihrem Verhalten stets auf die soziale Umwelt gerichtet. »Ein alleinlebender Schimpanse ist kein Schimpanse«, sagte der amerikanische Primatologe R. M. Yerkes. Besonders jüngere Affen benötigen im Zoo Sozialpartner, dazu gehört auch das Publikum. Sie versuchen daher, auf sich aufmerksam zu machen und ihm zu gefallen. Orang Utans und Gorillas dagegen halten weniger davon, im Mittelpunkt der Öffentlichkeit zu stehen, wenn auch die Weibchen – so wie es die Natur gewollt hat – in gegebener Positur gern einmal die Blicke auf sich lenken. Auch die Aufmerksamkeitsstruktur und das ausgeprägte Personengedächtnis der Schimpanssen stehen hiermit in engem Zusammenhang. Wir haben erlebt, daß z.B. Butschi und Jacky gut vertraute Personen nach rund 20 Jahren spontan und hocherfreut wiedererkannten, wobei es mitunter zu grotesken Wiedersehensszenen kam.

Eines Tages erhielt unser attraktiver Jacky »Damenbesuch« aus dem Tierpark Berlin. Es war eine ganz bestimmte Absicht, die die große heiratslustige »Susi« damit verband! Sie war damals (1958) in der Hauptstadt noch ohne Partner. Beide interessierten sich wohl füreinander, aber die rechte Liebe war es nicht, wie sich bald herausstellte, obwohl sich Susi nach Schimpansenmanier sehr »sexy« bot. Vielmehr fand Jacky ihr Haarkleid anscheinend reizvoller. Mit dem ihm eigenen Hautpflegeeifer und mit Akribie zupfte er ihr fast sämtliche Haare aus. Hatte er etwa zu viel Respekt vor der großen, starken Susi, so daß der Fellpflegetrieb infolge nicht ausreichender Courage hier dominierte? Weder deutliche Paarungsabsichten, Droh- noch Demutsgebärden waren wechselseitig zu beobachten. Oder fehlten bestimmte individuelle Faktoren der psychischen Übereinstimmung, also die Sympathie? Vielleicht war es eine verwickelte Summierung spezifischer Einflüsse aus der sozialen Umwelt? Wie Tiergärtner wissen, kommt so etwas im Zoo mitunter vor. Welches auch der Grund sei, statt in guter Hoffnung kehrte Susi fast nackt in den Tierpark zurück. Das so erwünschte Baby blieb aus, lediglich im Haarkleid gab es »Nachwuchs«. Bald danach bewiesen beide – das sei zu ihrem Renommee noch hinzugefügt – mit anderen Partnern ihre Fortpflanzungsfähigkeit.

Sich besonders hervorhebende Tiere, so auch Menschenaffen, werden nicht selten zu regelrechten »Tierpersönlichkeiten« und sind beim Zoopublikum sowie auch bei Tierpflegern weit bekannt und beliebt, ja es gibt auch solche mit legendärem Ruf. Von den Menschenaffen des Dresdner Zoos – zurückgeblendet bis zum Jahre 1873, dem Beginn der Menschenaffenhaltung in der Elbestadt mit der Schimpansin »Mafoka« – sind hierzu u. a. die Schimpansen Charlie, Jacky, die Orang Utans Buschi I, Buschi II, Suma I, Suma II, Peter sowie der Gorilla Benno zu rechnen.

Noch bis vor etwa 25 Jahren waren bei Schimpansen Lebenserwartungen von kaum über 30 bis 40 Jahren bekannt. Im Zoo von Chicago wurden 46 Jahre (Jones 1968) erreicht. Jacky im Dresdner Zoo, wo er über 27 Jahre lebte, zählte ca. 31 Jahre, als er schon ein seniler Greis war. Dagegen brachten es die Orang Utans »Guarina« und »Guan« im Zoo von Philadelphia auf 56 bzw. 57 Lebensjahre, ein Rekordalter bei dieser Art. »Massa« im gleichen Zoo galt 1980 mit 50 Jahren als »Senior« unter den attraktiven Gorillas, letztlich ist er 54 Jahre alt geworden. So finden gerade auch solche betagten Primaten aus der nächsten Verwandtschaft des Menschen im Tierreich besonderes Interesse.

Pavian, Deckfarbe, 35,3 × 24,9 cm

Junger Orang Utan, Deckfarben, 25,3 × 29,4 cm

Orang-Utan-Paar, Deckfarben, 40,8 × 57,4 cm

Orang Utans, Kreideskizze, 23,1 × 19,4 cm

Orang Utan, Kreideskizze, aquarelliert, 22,6 × 19,4 cm

Die Entdeckung des Gorillas

Nicht viele Einwohner Europas hatten und haben Gelegenheit, den Gorilla in seiner natürlichen Umwelt zu beobachten. Wir lernen dieses Tier mehr durch die Literatur und den Film kennen, direkten Kontakt mit ihm können wir nur im Zoologischen Garten haben. Wer sich jedoch in der Nähe eines Gorillas befindet, empfängt ungewöhnliche Eindrücke, verbunden mit dem Bewußtsein, sich einem Wesen gegenüberzusehen, das Kraft und natürliche Vollkommenheit verkörpert. Fünfzehn Jahre lang hatte ich täglich Gelegenheit, mit einer Anzahl Gorillas Umgang zu haben. Wir verbrachten herrliche Jahre miteinander, ich erlebte ihre Kindheit, ihr Wachstum und ihre Reifezeit.

Als sie dann, bereits herangewachsen, mein Haus verlassen hatten und in neue, speziell für sie erbaute Anlagen – weitläufige grasbewachsene Ausläufe und ruhige warme Innenräume – eingezogen waren, trafen wir uns auch weiterhin, meinerseits allerdings mit gebotener Vorsicht. Das gab mir Gelegenheit, viele eigene Beobachtungen anzustellen und diese mit den Erfahrungen anderer Gorillazüchter und -betreuer zu vergleichen. Wenn ich heute an die Verhaltensweisen der dreizehn Gorillas denke, mit denen ich Tausende von Stunden verbracht habe, kann ich nur bestätigen, was Dr. Adrian Kortlandt darüber einmal gesagt hat: »Meine Zöglinge sind zwar keine Menschen, aber sie sind auch keine Tiere.«

Der Gorilla ist ja der Größte im Affengeschlecht. Seine Körperhöhe in aufrechter Stellung schwankt zwischen 125 cm und 175 cm. Die Spannweite der Arme beträgt 200 bis 275 cm, der Brustumfang eines Männchens reicht bis zu 175 cm, ein Weibchen wiegt normalerweise 70 bis 100 kg, ein Männchen 135 und im Extremfall bis 275 kg. Im Zoo erreichen die Tiere entsprechend den Bedingungen der Tierhaltung oft ein höheres Gewicht als in der Wildnis. So war das Gorillaweibchen »Christine«, das im Columbus-Zoo im Jahre 1956 zum ersten Mal unter vivariven Bedingungen – das ist eine bessere Bezeichnung als »in Gefangenschaft« – ein Junges geboren hatte, ein sehr schweres Tier. Als es am 14.3.1976 starb, wog es 146 kg. Der berühmte Berliner »Bobby« brachte im Alter von 11 Jahren 288,5 kg, »Samson« aus dem Zoo in Milwaukee 326 kg auf die Waage.

Den muskulösen Körper des Gorillas umhüllt eine derbe, aber elastische Haut, die dicht mit schwarzen oder grau-schwarzen, ziemlich langen Haaren bedeckt ist. Erwachsene Männchen haben einen silbrig-grauen Rückenpelz. Das Gesicht, die Hände und Füße sind unbehaart, sie zeigen eine schwarze Färbung. Haarlos ist auch die Brust der alten Männchen. Die Ohren sind klein, die Nase ist auffällig gewölbt. Die kleinen Augen werden von den sie umgebenden sehr gut entwickelten Knochenwülsten geschützt.

Die Heimat der Gorillas sind Regenwälder im Flachland des westlichen Äquatorialafrika und im Tiefland und Gebirge Zentralafrikas. Im Tagesverlauf halten sie sich überwiegend auf dem Boden auf. Kurze Abstecher auf die Bäume kommen bei beiden Geschlechtern vor, hauptsächlich aber bei den Weibchen und bei den jungen Männchen.

Gorillas leben in festen Gruppen, die durchschnittlich etwa 15 Individuen zählen, obwohl es auch Gruppen bis zu 30 Tieren gibt. Jede Gruppe besteht aus mindestens einem, mitunter auch aus zwei oder drei dominierenden Männchen mit silbrigem Rückenfell, einem oder zwei jüngeren Männchen mit noch schwarzem Rücken sowie einigen Weibchen und deren Kindern in verschiedenem Alter. Das dominierende Männchen, der Anführer, verläßt die Gruppe nie. Er bestimmt die Richtung und das Tempo der Wanderung, wählt den Platz für Ruhe und Nahrungsaufnahme, die Zeit und den Ort für den Nestbau.

In ihrem Verhalten sind die Gorillas ruhig. Gesten, Haltungen, Mimik und Stimmäußerungen dienen der Verständigung innerhalb der Gruppe. Weithin hörbare Schreie, die andere Gruppen erreichen könnten, gibt es nicht. Nur zwei Laute klingen recht gewaltig: das Brüllen des aufgebrachten Männchens und der Widerhall des Schlagens mit den Fäusten auf den als Resonanzboden dienenden Brustkorb. Dieses Trommeln ist Teil eines Imponiergehabes, das von den Gorillas oftmals auch während des Spielens untereinander gezeigt wird.

Der Verhaltensforscher Schaller unterscheidet bei diesem Ritual folgende Phasen: Brüllen, symbolisches Essen, Hochwerfen von Pflanzen, Schlagen auf die Brust (Höhepunkt), Seitwärtslauf, Ausreißen und Hinreichen von Pflanzen, Stampfen mit Füßen und Händen auf den Boden. Der Gruppenführer spielt dieses Ritual in der Regel in seiner Gesamtheit vor, andere Tiere üben es vielfach nur teilweise aus.

Gorillas fertigen Ruhenester zu jeder Tageszeit an, die Nester für die Nachtruhe werden mit aufkommender Dämmerung gebaut. Etwa eine Stunde nach Sonnenaufgang stehen Gorillas auf, nachdem sie etwa 13 Stunden geschlafen haben. Einige Tiere verzichten auf ein Nest und schlafen auf der Erde, wie es die anderen Menschenaffen nicht tun. In manchen Gegenden befinden sich etwa 90% der Nester auf dem Boden, in anderen – im Niederungswald – werden bis zu 40% der Nester auf Bäumen in einer Höhe von einigen Metern errichtet.

Für die Nahrungsaufnahme benötigen Gorillas etwa zwei Stunden, bevor sie satt werden. Da Blätter, Pflanzentriebe, Stengel und Rinde nicht sehr nahrhaft sind, müssen sie davon große Mengen zu sich nehmen. In der Natur wurde niemals beobachtet, daß Gorillas Wasser trinken, daher wird angenommen, daß ihnen die Pflanzen die benötigte Flüssigkeit liefern. Gewöhnlich hören sie mit der Nahrungsaufnahme zwischen der neunten und zehnten Morgenstunde auf und ruhen dann bis zum Mittag. Dabei lagern sie sich rings um ihr Gruppenoberhaupt, oftmals in der prallen Sonne, strecken sich auf dem Rücken aus, liegen auf der Seite oder auf dem Bauch, mit gespreizten Beinen und Armen. Dabei schlafen sie nicht, sondern dösen und erledigen die Pflege ihres Fells, kratzen und reinigen sich. Die jungen Gorillas spielen während dieser Ruhezeit. So verbringen die Tiere eine bis drei Stunden, danach nimmt der Anführer die Wanderung wieder auf, und ihm folgt die ganze Gruppe. Etwa um die fünfte bis sechste Nachmittagsstunde, wenn sich der Himmel mit Wolken bedeckt, beginnt das Leittier, Zweige für sein Nest zu brechen, und die gesamte Gruppe folgt seinem Beispiel.

Die Trächtigkeit der Weibchen ist kaum wahrnehmbar, weil die Tiere ohnehin große Bäuche haben. Die Tragzeit beträgt acht und einen halben Monat. Während der Geburt, die meist nur einige Minuten dauert, liegt das Weibchen, zerreißt dann die Nabelschnur und drückt den Säugling an die Brust. Die Neugeborenen sind sehr unbeholfen, im ersten Lebensmonat haben sie nicht einmal genügend Kraft, sich am Fell der Mutter festzuhalten, so daß diese ihr Junges mit den Händen stützen muß. Nach einem Monat klammert sich das Kleine selbständig an der Mutter fest, nach drei Monaten übersiedelt es auf deren Rücken, und im Alter von vier bis fünf Monaten kann es selbst laufen. Junge Gorillas wenden viel Zeit zum Spielen auf, das sie einzeln oder in Gruppen betreiben, sie balgen sich miteinander, schaukeln an Zweigen oder Lianen. Eine enge Bindung zwischen der Mutter und dem Kind dauert etwa drei Jahre, aber bereits nach sieben bis acht Lebensmonaten ernähren sich die Jungen vorwiegend mit Pflanzen, und nach einem Jahr saugen sie nur noch ganz selten. Die Weibchen gebären durchschnittlich alle dreieinhalb bis viereinhalb Jahre. Die Jungen kommen zu verschiedenen Zeiten des Jahres auf die Welt, es gibt keine bestimmte Zeit für Brunft und Geburt.

Der Gorilla ist nicht der bösartige Waldteufel, für den er wegen seines Aussehens oft gehalten wird. Trotz seiner kraftstrotzenden Figur ist er ein – wie gesagt – ruhiges und friedfertiges Tier. Dieser selbstsichere Riese schenkt den Elefanten, Büffeln und Antilopen keinerlei Beachtung. Schimpansengruppen können die gleiche Region bewohnen und sogar in geringer Entfernung von den Gorillas schlafen. Man hat bewiesen, daß sich die Gorillas beim Zusammentreffen mit Menschen gewöhnlich ruhig zurückziehen und verschwinden, es sei denn, sie werden provoziert oder bedroht.

Bei Beobachtungen in der Wildnis und im Zoo stellte man fest, daß Gorillas nicht schwimmen können, obwohl sie ohne Furcht in Tümpeln und in Bächen mit Tiefen von 30 bis 60 cm herumwaten. Eines von unseren Männchen, der siebenjährige »Doudou«, stieg gern in einen Graben, der bis zu der Tiefe von etwa 80 cm mit Wasser gefüllt war. Er hielt dann eine zweibeinig-aufrechte Stellung ein und hob die Hände hoch über den Kopf. Das tat er ausschließlich an heißen Tagen. Ein anderes Männchen, »Tadao« mit Namen, acht bis neun Jahre alt, setzte sich so auf die Stufen, die zum Graben führten, daß er die Füße ins Wasser tauchen konnte. Aufmerksam beobachtete er sein Abbild im Wasserspiegel. In der Natur überwinden Gorillas tiefere oder breitere Gewässer nur dann, wenn ein umgestürzter Baum beide Ufer in Form einer Brücke verbindet.

Die in den Zoologischen Gärten mit Gorillas gemachten Erfahrungen brachten die überraschende Erkenntnis, daß diese körperlich so robusten Gestalten psychisch höchst empfindsam sind und auf Veränderungen in ihren Umweltbeziehungen sensibel reagieren.

Wenn man dies berücksichtigt, d. h., stabile Gruppen in ihrer Zusammensetzung nicht ohne zwingenden Grund verändert, einen häufigen Wechsel der Betreuer vermeidet, sondern das vertraute Pflegepersonal auf Dauer bei den Tieren beläßt, dann gedeihen Gorillas im Zoo auch in psychischer Hinsicht gut.

Auf der 21. Jahreskonferenz des Internationalen Verbandes von Direktoren Zoologischer Gärten 1966 in Colombo wurde der Zoologische Garten Frankfurt/Main mit der Führung eines internationalen Zuchtbuches für den Gorilla betraut. In diesem Register waren am 31.12.1984 auch 213 im Zoo geborene Individuen erfaßt. Aus dieser Zahl geht anschaulich hervor, welche bedeutsame Rolle die Zoologischen Gärten bei der Arterhaltung des Gorillas spielen können und müssen.

Hochinteressant ist die Entdeckungsgeschichte des Gorillas. Viele Autoren vermuten, daß erste Erwähnungen dieses Primaten aus einer Zeit vor 2500 Jahren stammen, als Admiral Hanno aus Karthago sich mit einer Flotte von 60 großen Schiffen, auf deren Decks sich 30 000 Matrosen, Ruderer und Soldaten befanden, auf eine Reise rings um Afrika begab. Diese Armada durchfuhr die Meerenge von Gibraltar und strebte dann entlang der afrikanischen Küste nach Süden bis Kamerun. Als man an der Westküste – wahrscheinlich in der Umgebung des Flusses Gabon – anhielt, stieß man dort auf gigantische Wesen, die dem Menschen ähnelten, deren Körper aber mit schwarzen Haaren bedeckt war. Ein einheimischer Führer bezeichnete sie als Gorillas.

Viele Jahrhunderte vergingen dann, bevor die Menschheit wieder etwas über den Gorilla erfuhr. Im Jahre 1598 wurde der englische Seemann Andrew Battel von den Portugiesen im westafrikanischen Kabinda festgehalten. Dort sah er lebendige Schimpansen und Gorillas. Unter anderem berichtete er, daß diese großen Affen, nachdem die Menschen fortgegangen waren, die Feuerstelle des Lagers aufsuchten, um sich zu wärmen, sie waren jedoch nicht klug genug, um Holz auf dem Feuer nachzulegen.

Bis zum Beginn des 19. Jahrhunderts gab es keine weiteren Berichte über das Zusammentreffen weißer Menschen mit dem Gorilla, alles was in dieser Zeit bekannt wurde, stammt von den Eingeborenen. Auch in Afrika wirkende Missionare glaubten anfangs, daß Gorillas verstoßene Menschen seien. Pater Wilson allerdings befaßte sich neben seinen priesterlichen Pflichten auch mit der Erforschung der Natur. So schickte er eine Anzahl Gorillaschädel aus Gabun zur Untersuchung nach Amerika.

Die nächsten glaubwürdigen Informationen über den Gorilla trug Dr. Savage zusammen, ein Wissenschaftler, der viele Jahre am Gabonfluß lebte. Dort machte er zahlreiche Beobachtungen über den Körperbau des Gorillas und stellte dabei eine Ähnlichkeit zwischen dem Schädel von Gorilla und Schimpanse fest. Er nahm Verbindung auf zu dem bekannten englischen Forscher Richard Owen und führte das zusammengetragene Material einer Auswertung zu. Gemeinsam mit Wyman beschrieben sie im Jahre 1847 den Gorilla als eine menschenähnliche, anthropoide Affengattung. Danach wuchs das allgemeine Interesse an diesem noch weithin unbekannten Wesen.

Die Entdeckung des Gorillas

Im Jahre 1855 organisierte der amerikanische Reisende Paul du Chaillu eine Expedition nach Zentralafrika mit dem Ziel, die Welt der Gorillas zu erforschen und wenigstens ein lebendes oder totes Individuum heimzubringen.

Nach wochenlangem Suchen und ersten Begegnungen war Chaillu auf der Spur eines einsamen Gorillamännchens. Sein Zusammentreffen mit diesem Tier beschreibt Chaillu wie folgt: »Er stand etwa 12 Yards von uns entfernt, und dieses Bild werde ich nie vergessen, fast 6 Fuß groß, ein riesiger Körper, große muskulöse Arme, aus tiefen Höhlen feindlich blickende Augen, ein teuflischer Gesichtsausdruck – all das machte ihn zur Gestalt eines schrecklichen Traumbildes. Er zeigte vor uns keine Angst sondern stand da und trommelte mit den Fäusten auf seinen Brustkorb wie auf eine große Trommel ... wieder näherte er sich uns und blieb in einer Entfernung von 6 Yards stehen ... als er erneut aufschrie und begann, mit den Fäusten auf seine Brust zu schlagen, schossen wir und töteten ihn ... Das Tier hatte eine Größe von fünf Fuß und acht Zoll, seine Muskulatur deutete auf eine große Kraft hin.«

Chaillus Beschreibungen, nach denen die Gorillas wilde Urwaldungeheuer sind, die jeden Menschen angreifen und ihn töten, prägte für Jahrzehnte ein falsches Bild von dieser eindrucksvollen Tiergestalt. Dies wird ihm zur Last gelegt, wenn seine Verdienste bei den wegbereitenden Untersuchungen auch unbestritten sind.

Reade, ein Reisender aus Amerika, führte Gespräche mit Eingeborenen, dabei erfuhr er, daß die Gorillas nur dann angreifen, wenn sie bedroht sind, d.h. wenn sie sich angegriffen fühlen oder wenn sie verletzt sind. Nirgendwo traf er auf einen Eingeborenen, der gewußt hätte, daß jemals ein Mensch von einem Gorilla getötet worden ist. Im Jahre 1921 drehte Carl Akeley einen Film über das Leben der Gorillas, den ersten Film über diese Tiere. 1925 gründete die belgische Regierung den Albert-Nationalpark, der hauptsächlich für die Gorillas bestimmt ist. Initiator und Ausführender dieses Vorhabens war Carl Akeley, der im Jahre 1926 zusammen mit seiner Frau dort Untersuchungen der Biologie der Gorillas aufnahm. Leider ist er schon zu Beginn dieser Arbeiten gestorben. Auch er machte die Feststellung, daß der Gorilla ein völlig freundliches und ruhiges Wesen ist, daß den Kampf nur dann aufnimmt, wenn er dazu gezwungen wird, zum eigenen Schutz oder zum Schutz seiner Familie.

Nach Europa gelangte der erste Gorilla im Jahre 1855. Es war ein junges Weibchen, das von der Wombells-Menagerie im Winter 1855/56 in England in der Gegend von Liverpool gezeigt wurde. Man meinte, es handle sich um eine Schimpansin, erst nach ihrem Tod erkannte man sie als Gorilla.

Viele Erkenntnisse bezüglich der Gorillabiologie gewann man während der Pflege des berühmten Männchens »Mpungu«, das im Jahre 1876 als zweijähriges Junges nach Europa kam. Der deutsche Arzt und Zoologe Dr. Falkenstein hatte diesen Gorilla am 2. Oktober 1875 in der Region von Luanda (Gegend der Kongomündung) als Geschenk von einem portugiesischen Plantagenbesitzer erhalten. Das noch ganz junge Tier hatte sich an ihn gewöhnt und als sehr anhänglich erwiesen; dementsprechend konnte es der Forscher über einen Zeitraum von einem halben Jahr auf die mehrwöchige Seereise von Afrika nach Europa vorbereiten. Nach der Ankunft in Europa wurde Mpungu dem Aquarium in Berlin übergeben. Man brachte ihn in einer gut temperierten Räumlichkeit unter, die von der Öffentlichkeit durch eine dicke Glasscheibe abgetrennt war. Bei der Ankunft in Berlin wog der kleine Gorilla 15,5 kg, und seine Größe betrug 69 cm. Schnell gewöhnte er sich an seinen Pfleger, der die ersten Wochen ohne Unterbrechung mit ihm zusammen verbrachte. Mpungu lebte in Berlin bis zum Herbst 1877, d. h. 16 Monate und sechs Tage. Als er krank wurde, leisteten ihm prominente Humanmediziner, u. a. Dr. Rudolf Virchow, Hilfe.

Im Jahre 1887 kaufte der Londoner Zoologische Garten einen jungen Gorilla. In der gleichen Zeit entsandte der Hamburger Zoo einen Mitarbeiter nach Afrika, der nach einigen Monaten einen Gorilla mitbrachte, doch leider war dieser ebenfalls sehr krank, er starb, bevor man ihn der Öffentlichkeit vorstellen konnte. Im Jahre 1903 hat dann der Zoologische Garten in Rotterdam einige Wochen lang einen Gorilla besessen.

Gorillapaar, Deckfarben, 25,9 × 16,2 cm

Am Freitag, dem 3. September 1897, traf im Zoologischen Garten in Breslau das vierjährige Gorillaweibchen »Pussi« ein, das Direktor Stechmann von der Firma Cros in Liverpool für 2400 Mark gekauft hatte. Pussi war ein äußerst unterentwickeltes Wesen mit einem Gewicht von 15,75 kg. Man brachte sie im Affenhaus unter, in direkter Nachbarschaft mit einem jungen Schimpansenmännchen, das für sie den Anlaß bildete, den Pflegern »Eifersuchtsszenen« zu bereiten, sooft sie nicht nur ihr Aufmerksamkeit schenkten, sondern sich mit dem Nachbarn befaßten. Wenn man dem Schimpansen die Nahrung zuerst reichte, stöhnte Pussi ärgerlich, wenn sie jedoch selbst etwas Wohlschmeckendes bekam, setzte sie sich an eine auffällige Stelle, damit der Schimpanse sehen konnte, was sie verspeiste. Man beobachtete auch, daß Pussi die Nahrung mit dem Nachbarn teilte, aber nur dann, wenn sie selbst kein Verlangen mehr danach hatte. Vor Gewitter sowie vor dem Widerhall von Schüssen hatte sie panische Angst. Obwohl sie in Breslau niemals einen Schlag bekommen hatte, riefen bei ihr ein erhobener Stekken, ein Spazierstock oder Schirm Furcht hervor. Die Ernährungsfrage war am Anfang sehr schwierig, denn vom Moment ihrer Ankunft an verzehrte sie nur reife Bananen und Heu. Nach einigen Wochen verschmähte Pussi die Bananen und verspeiste dagegen Brot, Brötchenkrumen und gebrühten getrockneten Klee, wobei sie hauptsächlich den Blütenstand und die Blätter abriß.

In der Sommerperiode nahm sie gern frischen, blühenden Klee, junge Akazienblätter und Rosenblüten. Bei heißer Witterung trank sie täglich etwa drei Liter leicht gesalzenes Wasser. Von Zeit zu Zeit schmeckten ihr gekochte Kartoffeln und dicker Reis; das war die einzige gekochte Nahrung, die sie verspeiste. Niemals hat sie irgendwelche tierische Nahrung angenommen. Ende Juli 1898 traten bei Pussi im Alter von etwa fünf Jahren erste Anzeichen sexueller Erregungen auf, die sich dann ab 1899 regelmäßig alle vier Wochen wiederholten.

Am 6. Oktober 1904 verendete Pussi nach zuvor beobachteten Kolikanfällen, sie wog bei ihrem Tod 33 kg. Als Todesursache wurde nach der Obduktion eine chronische Nierenentzündung angenommen. Die Leiche erhielt das örtliche Zoologische Museum, wo man sie präparierte und wo sie sich bis heute befindet.

Pussi war der erste Gorilla auf der Welt, der in jener Zeit im Zoologischen Garten sieben Jahre überlebt hat, durch sie wurde der Boden für viele Erfolge bereitet, die man in den letzten Jahren bei der Gorillaaufzucht erzielte.

Am 22. Dezember 1956 wurde im Zoologischen Garten in Columbus, Ohio (USA), das erste Gorillajunge auf der Welt unter vivariven Bedingungen geboren, und zwar ein Weibchen, das 1870 g wog und den Namen »Colo« erhielt. Es war das Junge von einem Paar Flachlandgorillas, das seit einigen Jahren im Zoo lebte. Bei der Geburt waren die Mutter »Milie« ca. sieben, der Vater »Macombo« ca. zehn Jahre alt. Die Geburt erfolgte nach 251 bis 253 Tagen Trächtigkeit morgens zwischen 8.00 und 8.50 Uhr. Die Mutter interessierte sich wenig für das Kleine, deshalb zog man es künstlich auf.

Am 23. August 1959 konnte man im Zoologischen Garten in Basel die zweite Geburt eines Flachlandgorillas in der Welt verzeichnen. Es war wiederum ein Weibchen, dem man den Namen »Coma« gab. Die Geburt fand nach 289 Trächtigkeitstagen in der Nacht statt. Das Neugeborene wog 1820 g; die vierzehnjährige Mutter, »Achilla«, kümmerte sich nicht um das Kleine, so daß man auch dieses Gorillajunge aus der Flasche ernähren mußte. Der Vater war der zehnjährige »Stefi«, der sich seit 1954 im Baseler Zoo befand. Die nächstfolgende, dritte Geburt geschah am 17. April 1961, ebenfalls im Baseler Zoo. Bei den Eltern handelte es sich um dasselbe Gorillapaar Achilla und Stefi; geboren wurde ein Männchen, dem man den Namen »Jambo« gab. Die Tragzeit betrug 252 Tage, und diesmal umsorgte die Mutter den Kleinen.

Im Washingtoner Zoo folgte im Jahre 1961 die vierte Geburt eines Gorillas, dort erblickte das Männchen »Tomoko« das Licht der Welt. Vom gleichen Gorillapaar erhielt man im Jahre 1964 ein weiteres Jungtier, ebenfalls ein Männchen, mit dem Namen »Leonard«. Die sechste Geburt ereignete sich in Basel. Sie erbrachte ein Männchen, das »Migger« genannt wurde. Die siebente Geburt erfolgte 1965 im Zoo von San Diego, die achte im selben Jahr im Zoo von Frankfurt am Main und die neunte im Zoo von Dallas, ebenfalls im Jahre 1965.

Am 1. Februar 1968 wurde dann im Zoologischen Garten Columbus das erste Jungtier von dem uns bereits bekannten, am 22. Dezember 1956 im selben Zoo geborenen Gorillaweibchen »Colo« zur Welt gebracht. Das war wiederum die erste Nachzucht in der Welt, die von einem im Zoo geborenen und aufgezogenen Weibchen stammt, ein Zeichen erfüllter Lebensbedürfnisse der Zootiere. Das Junge, ein Weibchen mit Namen »Emmy« und mit einem Gewicht von 1617 Gramm, ist das achtzehnte Gorillajunge, das auf der Welt in einem Zoo geboren wurde. Vater war das elfjährige Männchen »Bongo«, das seit zehn Jahren im Zoo von Columbus lebte. Colo umsorgte ihr Kind vorzüglich und übergab es für kurze Zeit ohne Vorbehalte dem

Gorillas, Deckfarben, 39,7 × 33,6 cm

Gorilla, Deckfarbenstudien, 20,4 × 13,9 cm

Orang Utans und Gorillas, Kreide- und Tusche- bzw. Füllhalterskizzen, aquarelliert, 21,8 × 12,6 cm und 24,2 × 16,8 cm

Zoopersonal für die Durchführung von Messungen und Pflegemaßnahmen.

Am 3. Mai 1967 hat das Weibchen »Makulla« im Zoo in Frankfurt/Main Zwillinge geboren, die beiden Weibchen »Alice« und »Ellen«. Es ist die erste in der Welt bekannte Zoogeburt von Zwillingen beim Gorilla, ein weiterer derartiger Fall ereignete sich im Jahre 1981 in Barcelona. Der bisher älteste Zoo-Gorilla auf der Welt war das Männchen Massa, das am 30.12.1935 in den Zoo in Philadelphia kam und sein Leben im Jahre 1984 im Alter von etwa 54 Jahren beendete. Nach künstlicher Besamung gebar das Gorillaweibchen »Beta« am 31.08.1980 im Zoo von Memphis ein Junges.

Im Jahre 1966 erhielt der Zoo in Barcelona vom Institut für Akklimatisierung IKUN, Spanisch Guinea, einen weißen Gorilla, ein Männchen im Alter von zwei Jahren. Bei vollem Weiß der Haare und des Fells hat dieses Tier blaue Augen. Seine Nachkommenschaft ist normal schwarz.

Gorilla, Deckfarbenskizze mit Kugelschreiber, 11,1 × 15,1 cm

Ein Plädoyer für Wale

Wenn wir Conrad Gesners »Vollkommenes Vogel-Buch« von 1669 durchblättern und zwischen »Waldfinck« und »Gyfitz« (= Kiebitz) plötzlich der »Fledermauß« begegnen, schmunzeln wir vergnügt, aber auch ein bißchen mitleidig: war in Sachen Systematik wohl noch nicht ganz sattelfest, der berühmte Historia-Animalia-Verfasser, als er das Flattertier unter die Vögel reihte, wie?

Nun, wegen zoologischer Falschgruppierung brauchen wir nicht ins Mittelalter zurück! Die größten Geschöpfe, die der Globus je hervorbrachte, plätschern noch im 20. Jahrhundert als Walfische umher, nicht in den Lehrbüchern zwar, aber doch in Sprachschatz und Vorstellungswelt von Millionen, beim »Braunfisch« der Ostsee angefangen; und tatsächlich müssen wir uns hin und wieder selbst beim Ohrläppchen nehmen und daran erinnern, daß die vor dem Bug unseres Motorbootes dahinschießenden Schemen, daß die auf das Deck schwimmender Fabriken hinaufgeseilten Monster tatsächlich Säugetiere sind. Wahrscheinlich war und ist das »Mit dem Tier auf du und du« nirgendwo anders so schwierig, aber auch nirgendwo anders so notwendig wie gegenüber den Walen. Nirgendwo sonst aber auch so voller Überraschungen und kaum glaublicher Erkenntnisse, so daß nicht leicht werden wird, nur die wichtigsten zu schildern.

Jahrzehntelang hat der Mensch die Wale nicht einmal als große »Fische«, sondern als Rohstoffreservoir betrachtet; man sprach nicht mehr von Tieren, sondern von »Einheiten«, als gelte es den Abbau einer geologischen Formation. Daß dieser Abbau zuletzt ein fast bis zur Ausrottung führender Raubbau geworden ist, bildet den blutroten Hintergrund der Tatsache, daß sich auch die Walbiologie, die Forschungsarbeit der Wal-Zoologen, eigentlich nur »am Rande der Dampfdruck-Kessel« abspielte, d. h. sich auf Anatomie und Morphologie beschränkte. Wale als Lebewesen, »auf du und du« gar kennenzulernen – das blieb und bleibt der allerjüngsten Zeit, bleibt unserer Generation vorbehalten und ist an zwei Entwicklungen gekoppelt: die der Ozeanarien, Delphinarien oder Walarien, in denen uns die Geschöpfe unzugänglicher Meeresfernen oder -tiefen nun als Zootiere und von Angesicht zu Angesicht zugänglich sind, und an jene der Freiland- bzw. richtiger Freimeerbiologie, die uns den Walen nicht mehr mit der Harpune, sondern mit Tauchanzug, Schlauchboot, Hydrophon und Mini-Sender in ihr geheimnisvolles Reich folgen läßt.

Ich betrachte es als besonderen Vorzug, daß ich vom Zoo Duisburg aus sozusagen »ab Punkt Null« Gelegenheit hatte, an beiden Richtungen dieses neuen Mensch:Wal-Verhältnisses teilzuhaben: bei der Errichtung des ersten Delphinariums, des ersten Walariums und des ersten Tonina-Pools im Herzen Europas sowohl wie bei mancherlei Fang- und Studienfahrten in die nasse Heimat unserer späteren Pfleglinge; – zu den Packeisfeldern der Hudson Bay und den düsteren Gestaden von Pt. Barrow, zur sturmgepeitschten Küste Südpatagoniens und den hitzebrütenden Lagunen des Orinoco, zu den Delphinfischern von Izu und dem Tümmler-Tonstudio von Odense. Ich habe überall etwas lernen können – in der Magellan-Straße wie auf dem Yangtsekiang.

Wenn in der Bahia Engaño/Chubut plötzlich der blauschwarze Rücken eines Südkapers vor unserem Bug versinkt, wenn da zeitlupenzähe Sekunden lang irgendetwas Riesiges davongleitet und -wallt, dann lernt man z. B., daß das Wort »Wal« just von diesem Vorgang herrührt. (Auch der Name unseres größten Süßwasserfisches, des Welses oder Wallers, soll ja auf dieses »Wälzen« oder »Wallen« zurückgehen, das in der noch immer ein wenig unheimlichen, keinen rechten Anfang und kein rechtes Ende erkennen lassenden Wassertiefe so eindrucksvoll wirkt.) Man muß gar nicht nachrechnen, daß die heutigen Bartenwale – der Blauwal mit 130 t und 30 m Länge voran – größer sind als die mächtigsten Brontosaurier je waren, das erste Nahdistanz-Rencontre mit einem solchen Riesen bleibt für jeden ein unvergeßlicher Eindruck! Was beinahe ebenso überwältigt, ist die entwaffnende Harmlosigkeit der »Ungeheuer«, die man auf den Holz- und Kupferstichen vergangener Jahrhunderte vornehmlich nur Boote zertrümmern, Nachen in die Luft schleudern und brausende Fontänen gen Himmel schießen sieht. Trotzdem haben die alten Walfänger den Südkaper u. a. Glattwale »right whales« genannt, denn für damalige Verhältnisse waren diese dicken, gemütlichen Tranlieferanten in der Tat genau »richtig«; anders als die doppelt so schnellen Furchenwale, die man mit Segel- oder Ruderbooten kaum einzuholen vermochte und die dann auch noch untersanken, wenn man sie trotzdem einmal mit einem halben Dutzend Harpunen hatte zu Tode bringen können, ist solch Glattwal die Langsam- und Friedfertigkeit in Person. Vor allem treibt er – zur Strecke gebracht – an der Oberfäche, und das war sehr wichtig, solange man noch keine Druckluftkompressoren an Bord hatte. Freilich war es aber auch der Grund dafür, daß die Glattwale – neben Nord- und Südkaper vor allem der Grönlandwal – fast noch schneller und rettungsloser ihrer Ausrottung zutrieben als die durch ihre gefurchte, mächtig ausdehnbare Kehlpartie ausgezeichneten Furchenwale.

Glatt- sowie Furchenwale gehören zu den Bartenwalen, zu welchem Begriff etwas nachzutragen ist: als »Barten« (engl. baleen; franz. fanon) bezeichnet man länglich-dreieckige, unter Umständen über meterlange, hornige Platten, die an beiden Seiten des Oberkiefers bzw. Rostrums vom Gaumendach in die Mundhöhle herabhängen, dicht an dicht wie quer zur Leine aufgefädelte Wimpel. Zum Inneren der Mundhöhle hin sind die Bartenplatten borstenartig aufgefasert. Zur Nahrungsaufnahme nehmen die Bartenwale gewaltige, oft über 1000 Liter fassende Schlucke Meerwasser ins Maul, um sie durch Emporwölben der riesigen, muskulösen Zunge gleich wieder herauszupressen. Dabei bleiben die eßbaren Anteile – außer Kleinfischen, Quallen u.a. planktonischen Organismen vor allem streichholzlange, garnelenähnliche Krebschen der Gattung Euphausia – der sog. »Krill« – an den Borstenkämmen der wie ein Filtersieb wirkenden Barten hängen, während das durchgeseihte Wasser wieder abläuft. Krill »fischenden« Bartenwalen zuzuschauen, macht richtig Vergnügen! Sicherlich ist ihr Ortungssystem weniger funktionsgenau als das mancher Zahnwale (s.u.), welche unter Umständen wendigen Fischen oder gar Pinguinen und Robben nachjagen, aber es genügt doch, um mit ruhiger Sicherheit jene Meerespartien aufzuspüren, wo sich die Krillmassen »dick wie Erbensuppe« zusammendrängen und das Wasser zum Kräuseln bringen. Der Buckelwal – ein besonders bizarrer und dazu sprunggewaltiger Bartenträger – soll die nach Millionen zählenden Schwärme seiner planktonischen Mini-Beutetiere erst mit einem Sperrgürtel hierzu ausgestoßener Luftblasen »umzingeln«, ehe das große Fressen beginnt. Die Glattwale schaufeln die dicke Krillsuppe meist nahe der Meeresoberfläche in sich hinein, wenige Schlucke bzw. Filtergänge genügen, die Riesenmägen zu füllen. – Das auch der Mensch inzwischen ein begehrliches Auge auf das Eiweißpotential »Krill« wirft, kann da kaum verwundern, und falls Versuche zur Herstellung von Krillwurst, Krillpaste etc. einmal richtig anlaufen sollten, wären die Folgen für die Bartenwalbestände womöglich ähnlich katastrophal wie einst die Jagd auf die grauschwarzen Riesen selber! Es erscheint für den Wal als Glück, daß die bisherigen Krillproben einen so hohen Gehalt an Fluor und die Verarbeitungsgänge soviel Umständlichkeiten aufwiesen, daß die Fischereiindustrie z.Zt. noch zurückhaltend reagiert.

Im Gegensatz zu anderen Bereichen der Biologie, bei welcher sich die eindrucksvollste Lebens- oder Organismenfülle in den Tropen zusammenzuballen pflegt, herrschen hinsichtlich des Krills u.a. Meeresbewohner umgekehrte Verhältnisse: hier sind gerade die polarnahen Regionen, die kalten Strömungen das planktonvolle Schlaraffenland, und diese Verhältnisse spiegeln sich dementsprechend in der geographischen Verbreitung der Bartenwale wider. Als »Weidegründe« bevorzugen sie die Antarktis, zur Paarungs- und Kälberzeit geht es Richtung Äquator. Die hieraus resultierenden Wanderungen

Delphinskizzen, Kugelschreiber, 24,9 × 17,4 cm

sind jahreszeitlich genau bekannt, u. a. beim Grauwal, dessen ostpazifische Population allerdings im Norden (Beringmeer) futtert, bevor sie zum Kalben vor Kalifornien erscheint. Hiervon unabhängig und damit flexibler erweist sich – in warmen und kalten Ozeanen, ja in Brack- und Süßwasser zu Haus – die zweite große Gruppe, die Zahnwale. Zu den Saurierdimensionen der Bartenträger hat es unter ihnen nur der Pottwal gebracht (und büßt diesen »Vorzug« inzwischen damit, daß nun er zum wichtigsten Beuteobjekt des Walfangs aufgerückt ist…). Ansonsten sind Zahnwale oder Odontoceti vorwiegend mittelgroße oder sogar ausgesprochen »handliche« Formen, als wohl bekannteste die Delphine. Da man vielfach »der« Delphin sagen hört, sei vorweggenommen, daß es ca. 50 Arten von Delphinen gibt, unter denen der Große Tümmler oder »Flipper« halt nur die bekannteste Form ist.

Wichtig jedenfalls: viele Zahnwale sind so handlich, daß man sie in geeigneten Bassins namens Delphinarium oder Walarium halten kann, und da sie sich gegenüber den Bartenwalen nicht von Plankton, sondern von Fischen ernähren, kann man sie dort in ganz ähnlicher Weise füttern und versorgen wie die zum Bestand jedes Tiergartens zählenden Robben. Obwohl die Entwicklung solcher Delphinarien in größerem Umfang erst mit den 60er Jahren einsetzte, sind mehrere Zahnwalarten – voran der Großtümmler u. a. Delphine, in gewissem Umfang aber auch Schwertwal, Weißwal und Pilotwal – bereits zu erprobten »Zootieren« geworden, und das war ein entscheidender Schritt: alles, was wir heute über Wale und ihre Lebensweise, über Tragzeit und Geburt, über Ortungsverfahren und Sinnesleistungen wissen, basiert auf Beobachtungen an Zoowalen in den hierfür eingerichteten Ozeanarien. »Stoppt den Walfang! Rettet die Wale!« – Apelle fanden von da ab Resonanz, wo Millionen Menschen den »langweiligen Trantieren« auf der Du-zu-du-Distanz von Delphinarien begegneten.

Daß die ersten Marinezoos, Seaworlds oder Oceanparks an der Sonnenküste Floridas oder Kaliforniens entstanden, liegt auf der Hand: die Tiere schwammen einem dort vor der Haustür herum, man brauchte für sie nur ein Stückchen Weltmeer einzuzäunen oder herbeizupumpen. Bald folgten geographisch weniger begünstigte Stätten mit überdachten Bauten und geschlossenem Wasserkreislauf, und 1965 errichtete man im Zoo Duisburg eine komplette Binnenlandanlage mit künstlich hergestelltem Seewasser. Vom technischen Aufwand her war und ist das relativ kompliziert; daß dadurch Delphine und Wale zwischen »normalem« Zoogetier, also Elefanten und Giraffen, Gorillas und Tigern gehalten werden, erscheint jedoch als wichtiger Vorteil: Es hat uns nämlich dazu geführt, Wale als Tiere unter anderen Tieren, nicht aber als »Brüder mit Flossen« oder »Außerhominid-Intelligenzler« zu betrachten, was (nicht nur!) Illustriertenreporter so gern tun ... Wir, d. h. Tierpfleger und Trainer, Assistenten, Tierarzt und ich gehen mit Großtümmlern und Belugas, mit der kolumbianischen Sotalia und dem Braun»fisch« der Ostsee, mit Toninas und Jacobitas als mit Tieren um; sie sind bei uns kein Thema der Philosophie, sondern der Biologie, und das ist ihnen und Duisburgs Cetaceenhaltung bislang gut bekommen.

Es ist kaum zwanzig Jahre her, aber schon staubige Historie, daß der Leipziger Tiergärtner Zukowsky sein »Mit Lasso, Falle und Netz« schrieb – das Buch kühner Großwildfänger, die Urwald und Steppe nach Zoobewohnern durchstreiften. So etwas gibt es nicht mehr. Im Gegenteil: dank immer besserer Zuchterfolge selbst bei »schwierigsten« Arten weiß man kaum noch wohin mit dem Nachwuchs – statt »Falle und Netz« heißt die Parole »Familienplanung«. Auf dem Gebiet der Walhaltung freilich beginnt man erst beim Großen Tümmler, durch Eigenzucht »autark« zu werden; für seltenere oder gar »neue« Arten muß man noch selber hinausziehen. Unsere jüngste Expedition ging Richtung Kap Hoorn.

Nur am »Ende der Welt«, Südamerikas äußerster Südspitze ist der Jacobita zu Hause, den die Japaner »panda iruka« – Panda-Delphin – nennen; nicht nur seiner plakativen Schwarzweiß-Zeichnung, sondern auch der Exklusivität der Verbreitung wegen. Ob er dazu der kleinste und schnellste aller Delphine ist, muß sich noch herausstellen (hoffentlich), außer »Lebensweise unbekannt« gibt es keine Literaturangaben, und die Magellanstraße ist windig. Gleich bei der Ankunft mußten wir fünf Stunden Sandsack spielen (und anschließend fünfzig echte Sandsäcke aufstapeln), sonst hätte es unseren Leichtmetall-Pool schon davongeweht, bevor wir Salzwasser, geschweige denn Delphine darin haben ... 120 km/h Windgeschwindigkeit ist vor Feuerland keine Seltenheit; wenn der zum Fangboot ernannte Krabbenkutter Vicky überhaupt einmal auslaufen kann, fühlen wir uns eher auf der Achterbahn als in der Estrecho de Magallanes. Scharfer Eisregen prasselt uns entgegen, die Nandu-Eier, die Bootsmann Musso fürs Mittagbrot sammelte, gehen samt Bratpfanne über Bord. An Delphinfangen zu denken, wäre im Augenblick blanker Hohn – man muß froh sein, keiner zu werden. Doch das Wetter ist nicht nur schlecht, sondern vielseitig und wechselt blitzschnell: auf Feuerland strahlt die Sonne, über der Pampa prangt ein Regenbogen, vor dem Boot graupelt's, am Seno Otway blinkt blaues Eis.

Die Schafhirten tragen Motorradbrillen, weil es so staubt, die Gürteltiere ertrinken, weil es soviel geregnet hat. Die Atlantik-Pazifik-Front lächelt plötzlich still wie der Gardasee, und irgendwann gibt es dann Jacobitas. Jacobitas!

Daß wir mit Leinen und Schnappern, Netzen und Locktümmler hier nichts ausrichten, haben wir schon gelernt: es knackt, bricht und reißt einfach alles in der 8-Knoten-Strömung nebst Tidenhub von 12 Metern, so daß man nur im offenen Meer und an der Oberfläche operieren kann. Jacobitas zeigen die bei vielen (keineswegs allen) Delphinarten bekannte Gewohnheit des bow-riding, des In- oder Vor-der-Bugwelle-Reitens, ein spielerisches Sich-Schiebenlassen, das je nach Tempo, Bauart und Geräusch des Schiffes sowie Kondition und Stimmung der Tiere kürzer oder länger beibehalten werden kann. Zu Walfängers Zeiten ward die delphinische Marotte schnöde fürs Harpunieren benutzt, »Als Pelzjäger im Feuerland« massakrierte Hugo Weber hundert Jacobitas in knapp drei Stunden (!); einen einzigen »Bow-rider« lebend zu fangen, ist ein anderes Kapitel, und zwar ein kaltes und nasses.

Vickys Bug ragt stolze zwei Meter hoch übers Wasser – just auf dem Bug aber muß sitzen bzw. hängen bzw. seefest angeklammert sein, wer mit Delphinen ins Geschäft kommen will. Und das machen Sie 'mal, wenn die Delphine »Jacobita« heißen und daher 70 km/h schnell, 130 cm kurz und zwei Meter unter Ihnen sind? Es ist wie »Guppys aus der Waschmaschine löffeln«, nur daß sich die Magellanstraße nicht auf Schongang stellen läßt. Bugwellenreiten können Delphine nur dann, wenn eine Bugwelle da ist, d. h. wenn das Schiff genügend Fahrt macht; andererseits durchschlagen 70-kmh-Delphine normale Netzkescher wie eine Granate. Man braucht daher eine Spezialkonstruktion, gutes Wetter und Glück, und das alles zusammen sieht so aus: bis auf drei Hagelböen scheint hell die Sonne. Die Segunda Angostura simuliert Müggelsee, Jacobitas sind ebenfalls da, ganze Herden. »Toninas! Toninas!« hatte Musso geschrien, Fotograf Ulli schätzt sie auf mindestens hundert, und da flitzen, da spritzen, da stürzen sie schon heran; sind keine Albatrosse diesmal und keine Pinguine, kein Lagenorhynchus-Delphin und kein Gletscher-Eis. Sind leibhaftige Jacobitas, sind – immer noch? immer wieder? – unglaublich schön, unglaublich schnell, sind ganz besessen davon, hinter, neben und vor der Vicky Wettrennen zu spielen, sind in dieser Sekunde fast schon unter uns. Franz mit dem Alu-Kescher kauert sprungbereit steuerbord, ich mit dem Fußballtor-Eigenbau backbord daneben. Dahinter hocken Tierarzt und Trainer als Bojenwerfer – eine Sitzordnung, die alle Viertelstunde wechselt, denn länger kann man bäuchlings-kopfabwärts nicht über der Bugwelle hängen, wenn man im entscheidenden Moment auf Zehntelsekunden und zehn Zentimeter genau sein muß.

Jacobitas haben auch in Chile Humor: wie Torpedos zwar schießen sie mit uns durchs salzige Grün, rangieren, rochieren, voltigieren in windender Fahrt, finden aber trotzdem immer noch Momente, sich kurz auf die Seite zu legen und nach oben zu lugen, wo unsere immer röter werdenden Köpfe mit immer weiter hervorquellenden Augen über die Bordwand hängen. Lassen Sie sich nicht irritieren! Lassen Sie drei, vier, sechs Jacobitas über-, unter- oder durcheinanderquirlen, wie sie wollen. Nur den einen, der in allem Rodeo langsam näher an die Oberfläche rückt; dessen lackschwarze Granatennase jetzt leicht zu pendeln und den halbsekundenkurzen Atemhol-Flitsch über den Meeresspiegel anzudeuten beginnt – den dürfen Sie nicht mehr aus dem Auge lassen! Denn dem muß jetzt in der Zehntel- vor der erwähnten Halbsekunde unser Tennisschläger namens Break away net so blitzschnell-knapp vor den Bug gesetzt werden, daß Abdrehen unmöglich ist und wir uns mit dem Ruf »Boje raus!« nur noch platt an Deck werfen können. (Wer letzteres vergißt, hat die Vicky, den Jacobita oder alle beide ums Handgelenk, das knirscht dann richtig.)

Der plötzlich leere Kescherstiel darf Sie nicht verwirren: es ist gerade der Trick des schonungsvollen Fangverfahrens, daß der Delphin die Maschen mitnimmt und daraus erst per Boje ein Art Pompadour um sich zusammenzieht. Mit Gummibändseln (aus Fahrradschläuchen und Damenwäsche) wurden sie so lose an den Bügel geschlungen, als käme ein wenig Tang oder Seegras in die Quere; jetzt treibt die rote Boje friedlich am Cabo de Gracia, der Jacobita schwarzweiß daneben, unser blaues Beiboot ist schon unterwegs. Natürlich muß der Zootierarzt (»... ich wollte schon immer 'mal in der Magellanstraße baden«) erst den erfrischenden Tauchabstieg unter das Vicky-Heck absolvieren, wo irgendwelche Fangleinen auch heute wieder aus der Schraube zu nesteln sind, dann geht es kurze Ruderschläge nach Lee, wo Jacobita I gelassen im grünen Garn dümpelt. Bei der Sardinenjagd mag er oft genug zwischen Schlick und Algenbündel geraten sein – Belugas sind sogar gelegentliches Stranden gewöhnt, Schwertwale können sich regelrecht hin»fläzen« auf Sandbänke, hinter denen es schmackhafte Robben zu sehen gibt. Doch besteht zur Panik schon deswegen kein Anlaß, weil drei oder vier weitere Jacobitas in der Nähe gelieben und bereit sind, dem Artgenossen zu helfen. »Beistandsverhalten« bei Walen ist weit verbreitet, obwohl nicht immer von Nutzen: schon wenn nur ein einziges Tier einen Ortungsfehler macht, kann es Massenstrandungen geben; als wir statt Jacobitas auf Orinoko-Delphine aus waren, genügte ein einziger »Lockvogel« und sein SOS ...

Aber soweit kommt es hier gar nicht. Mussos rostige Harpune, die früher manchen Zentner Speck zerfetzt haben mag, langt gar behutsam hinter die Boje; leichter Zug an der Leine, kurzes Intermezzo im Beiboot, schon schwebt Jacobita I wie im Fahrstuhl auf weicher Schaumgummi-Pritsche an Deck. Nasse Moltontücher hüllen ihn ein bis ans Blasloch, das »er weiß kaum, wie ihm geschieht« paßt nirgends besser als zum richtig gekühlten Delphin. Doch wissen wir eigentlich ganz, was uns geschieht? Immer sind sie ein Biologenerlebnis eigener Art, diese »Ersten« – der erste Gorilla wie der erste Tardigrad, ob im Urwald oder im Zoo, im Museum oder unterm Mikroskop; erstes Rädertier im Heuaufguß, erste Trappenbalz im Morgenlicht –, das vergißt man sein Leben lang nicht; und gerät noch eine Kategorie weiter, wenn dieses-diese-dieser »Erste« zuvor nur ein Gerücht, ja fast ein Gespenst war; ein Schatten nur in der Meerestiefe, ein Fragezeichen im Lehrbuch.

Jetzt ist plötzlich ein Ausrufezeichen daraus geworden! Und ein Du-und-du, wie es enger nicht geht, denn die Vicky schlingert im auffrischenden Südwest schon wieder so gefährlich, daß wir uns von beiden Seiten gegen das nasse Matratzenlager stemmen müssen; nicht nur, damit Jacobita I nicht davonrollt, sondern auch eines gewissen »seelischen Beistandes« wegen. Es ist schwer zu erklären, aber beglückende Tatsache, daß die Nähe des Menschen – seine Stimme, sein Streicheln, sein Dabeisein – auf Wale, frisch gefangene zumal, beruhigend und jedenfalls positiv wirkt. Nicht allein, daß sich selbst zum neu eingetroffenen »Mörder«wal unbesorgt ins Bassin steigen ließe – unter tätschelnder Hand stellt der Beluga sein ängstliches Fiepen ein, wenn das Flugzeug hart über die Startbahn rumpelt, an unseren Fingern spielt der Braun»fisch« schon von der Hängematte aus. Jacobita I bleibt also nicht ohne Trost, Reinhold mit Schwamm und Eimer weicht nicht von seiner Seite; auch später nicht, als es mehrere Tiere nebeneinanderzubetten gilt und wir unser Gerät gar nicht so schnell re- und präparieren können, wie die schwarzweißen Herden heranstürmen.

Natürlich müssen wir es begreifen und besehen, das Wunderwesen, obwohl seine feuchte Tuchhülle vor allem zu dem Zweck gelupft wird, Wunden zu behandeln und Walläuse abzusammeln. Die alten Seefahrer wußten vom »wie feinstes Porzellan schimmernden« Weiß der Delfines blancos nicht genug zu schwärmen, auf Du-und-du-Distanz zeigen sich jedoch Kratzer. Da gibt es wie mit Kammzinken gezogen Bißspuren von Nebenbuhlern und Liebesspielpartnern, Schnitte von Eiskanten, Narben von zackigen Riffen. Ob der Spalt vor der Fluke von einer Schiffsschraube, einem Centolla-Netz oder einem Schwertwal herrührt, soll offen bleiben – auf jeden Fall kommt Anti-Pilz-Spray drauf. Die Walläuse (eigentlich keine »Läuse«, sondern hanfkornkleine hautschmarotzende Krebse) werden per Pinzette entfernt, bei den viel gefährlicheren Innen-Parasiten, vor allem den bei Jacobitas häufigen Lungenwürmern, ist das leider nicht möglich und wird noch mancherlei Sorgen schaffen. Das »gesund wie ein Fisch im Wasser« stimmt halt auch beim Wal»fisch« nur bedingt bzw. tummeln sich Tümmler nicht ständig in reinstem Vergnügen, im Augenblick geht es nun aber erst einmal in Höchstfahrt – mit übrigens drei Jacobitas inzwi-

Delphin, Deckfarben, 26,8 × 30,2 cm

schen – der Küste zu; der Küste Südpatagoniens, über welcher schwarze Wolken brodeln und ein silbriger Punkt beim Näherkommen unser – nicht davongeblasenes Hälterbassin wird. Antonio hatte vom Schlafsack aus Wache gehalten und als Windschutz noch rostige Wrackteile davorgeschleppt; wir schleppen Jacobita I–III heran, auf Schaumgummi natürlich und so rechtzeitig, daß uns bis zum nächsten Windstärke-9-Wolkenbruch fast dreißig Sekunden bleiben. Da wir sowieso im Tauchanzug und sowieso naß sind, ist das letztlich gleich; es mag aber mit erklären, weshalb der schönste aller Delphine erst 1978 Zootier wurde.

Zootier? Bis dahin ist noch ein langer Weg, womit nicht nur die 20 000 km Feuerland-Mitteleuropa gemeint sind. – Aber es ist ein notwendiger und ein hoffnungsvoller Weg, denn die drei Jacobitas umkreisen uns ruhig, ihr Blasen wird immer gleichmäßiger. Frisch in den Kral verbrachte Gazellen können sich nervöser geben als Flipper, dem sogar Ultraschall zeigt, wo es langgeht; und der in Fjorden, Treibeis und Polarnacht mehr Navigation

Sichernder Feldhase, Tuscheskizze, 29 × 13,3 cm

gelernt hat, als er im Delphinarium je braucht. Jacobita II läßt sich streicheln, Jacobita III stubst nach Reinholds Arm, Jacobita I peilt nach dem Pejerrey-Fisch, den ich eigentlich nur aus Spaß vor seine Nase gehalten habe. Die Hagelkörner stechen wie Nadeln, das 7°-C-Wasser reicht uns bis unter die Arme, aber uns wird angenehm warm ums Herz.

Aus der Kinderstube der Bären

Der Bär erfreut sich bei den Menschen größter Beliebtheit. Den Bewohnern der nördlichen Halbkugel sind diese interessanten Tiere von Kindheit an bekannt, und bei zahlreichen Völkern der Welt waren und sind sie die bevorzugten Helden in Märchen, Sprichwörtern und Redewendungen. Bärenfigürchen aus Ton, Stein, Metall und Holz oder als Prägung auf Wappen und Münzen dienten im Verlaufe von Jahrtausenden bei vielen Völkern als Amulette und als Symbol der Macht und der Kraft.

Solch ein großes Interesse an diesem Tier ist kein Zufall. Schon der Mensch der Steinzeit jagte die Vorfahren der heutigen Bären – die großen Höhlenbären. Archäologen und Paläontologen finden bis in unsere Tage in Höhlen Knochen und Schädel dieser uralten Raubtiere, und ihre Darstellung ist auf vielen Felszeichnungen zu finden.

Seit langem sind Bären im Zirkus und in den Zoologischen Gärten ein besonderer Anziehungspunkt für die Besucher. Der Moskauer Zoo, der älteste unseres Landes, beherbergt seit den ersten Jahren seines Bestehens, also seit nunmehr 120 Jahren, verschiedene Arten von Bären. Einer der ersten Bewohner des Zoos wurde Mitte des vergangenen Jahrhunderts der Braunbär.

Der Braunbär (Ursus arctos), ein echtes Waldtier, ist in Europa, Asien und Nordamerika verbreitet. Zu Beginn unserer Zeitrechnung erstreckte sich sein Areal über ganz Europa, Nordafrika, Nordamerika und Asien bis zu den südlichen Hängen des Himalaja. Noch in der Zeit der feudalen Fürstentümer und des Vordringens der Tataren konnte man Bären in den Wäldern und Steppen West- und Osteuropas antreffen – von den Ufern des Nördlichen Eismeeres bis zum Schwarzen Meer und Mittelmeer. Gegen Mitte des 20. Jahrhunderts existierten sie in Westeuropa und Mitteleuropa noch stellenweise in den Pyrenäen, Alpen und Karpaten sowie auf dem Balkan. Ihre Gesamtzahl in diesen Regionen belief sich auf etwa 6 000 Exemplare.

In unserer Zeit haben sich Braunbären vor allem in der UdSSR, den USA (auf Alaska) und in Kanada erhalten. In dem Buch von O. Tärnner »Bären und andere Raubtiere« ist ein Foto wiedergegeben, das auf Alaska aufgenommen wurde. Das Objektiv hat 15 Bären, die im seichten Gewässer eines Flusses Lachs fischten, auf einmal eingefangen.

Sehr groß ist die Variabilität des Braunbären. Auf dem ausgedehnten Areal von Frankreich bis Kamtschatka, Alaska und Kanada zerfällt seine Art in geographisch mehr oder weniger isolierte Populationen, die sich durch die Farbe des Fells und die Größe des Körpers und Schädels unterscheiden.

Der Braunbär ist eine der größten Arten der heutigen Landraubtiere. Die Unterschiedlichkeit in der Größe dieser Tiere hängt von geschlechtlichen, altersmäßigen, individuellen, geographischen und sogar jahreszeitlichen Bedingungen ab. Die Bären der augenscheinlich kleinsten Rasse haben eine Körperlänge von etwa 130 bis 150 cm und ein Gewicht von etwa 56 bis 80 kg. Und die größten Bärenunterarten des Fernen Ostens und der nordwestlichen Teile Nordamerikas erreichen 245 bis 255 cm Körperlänge, eine Schulterhöhe von 120 bis 135 cm und ein Gewicht bis zu mehr als 650 kg. Wenn sich die großen Bären auf die Hintertatzen erheben, messen sie 2,75 bis 3 m.

Es erscheint kaum glaubhaft, daß dieses mächtige Tier nicht größer als ein Meerschweinchen ist, wenn es blind und hilflos geboren wird.

Der Bär unserer Zeit ist ein Allesfresser. Er nimmt die unterschiedlichste Nahrung zu sich, gräbt Wurzeln aus, wobei er ganze Rasenpacken aushebt, frißt allerlei Pflanzen, wühlt Löcher und stöbert unterirdische Nagetiere auf, die er ebenfalls verzehrt, zerstört Ameisenhaufen und läßt sich die Ameisen und ihre Puppen schmecken. Gelegentlich ergreift der Bär mit der Tatze ein Eichhörnchen oder eine Maus und frißt sie, oder er ertappt ein junges Häschen. Stundenlang ergeht er sich in Beerengesträuch, schleckt Himbeeren oder Heidelbeeren und macht sich über Erdbeeren und anderes Obst her. Einen Teil seiner Ration stellen auch Aas und angestrandeter Fisch dar. Im Fernen Osten und in Alaska geben die Braunbären jeden Sommer, wenn der Zug der Lachse beginnt und diese zum Laichen aufsteigen, ihre gewohnte Einsamkeit auf und versammeln sich an den Flußufern. Hier in den für den Fischfang idealen Gefilden schlagen sich die Bären »bis zum Platzen« mit sibirischem Lachs und Buckellachs voll. An diesen Fischen gibt es dann so viel, daß die Bären davon nur die Köpfe verzehren. Immer reichlicher strömt der Lachs, und immer mehr Bären finden sich an den Stromschnellen ein. An den Flüssen von Alaska z. B. gibt es Stellen, an denen sich 40 bis 80 Tiere treffen.

Die Bären, die für gewöhnlich in ihrem Revier keinen Nebenbuhler ihrer Art dulden, verlieren angesichts des Überflusses an diesen Leckerbissen ihre Agressivität und bekunden gegenüber ihren Artgenossen sogar so etwas wie »Freundschaft«. In der Tat: Das Sein bestimmt das Bewußtsein.

Durch seine Kraft vermag der Bär Elche und Hirsche zu reißen, was allerdings selten vorkommt, denn er ist zu schwer und zu plump, um solch hellhörige und vorsichtige Tiere zu erwischen. Lediglich Haustiere – Kühe, Schafe, Ziegen – werden leicht seine Beute. Bisweilen gelingt es ihm im Walde, einen kleinen Elch, ein Rehkitz oder einen jungen Hirsch zu erbeuten.

In den Zoologischen Gärten gedeihen die Braunbären gut und erreichen ein hohes Alter. Sie vermehren sich prächtig, und fast jedes Frühjahr wird dem Moskauer Zoo darüber hinaus eine Anzahl junger Bären aus der freien Natur überbracht. Einer unserer »Veteranen«, der Braunbär »Kutschuma«, lebt seit 1958 im Zoo.

Außer den Braunbären werden in unserem Zoo Kragenbären (Selenarctos thibetanus) gehalten, die bei uns auch als Weißbrustbären, tibetanische oder Himalaja-Bären bezeichnet werden. Im Herbst, wenn sie vor der Winterruhe viel Fett angesetzt haben, erreichen diese Bären mit maximal 190 kg ihr höchstes Gewicht.

Der Kragenbär ist in den Waldgebieten der mittleren und südlichen Teile Ostasiens, im Himalaja, in Afghanistan und Beludshistan verbreitet. Bei uns im Lande tritt er in den Bergwäldern der Region Ussurisk auf. Er ist weitgehend ein Pflanzenfresser. Sein Körperbau zeigt deutliche Züge der Anpassung ans Klettern auf Bäume, wo er etwa 15 Prozent seiner Zeit verbringt. Nicht selten legt er sich sogar in Baumhöhlungen zum Schlafen nieder. In den Zoologischen Gärten vermehrt sich diese Bärenart gut. In der Regel bringt das Weibchen im Winter zwei, seltener drei Junge zur Welt.

Der Eisbär (Thalarctos maritimus), das größte der heute lebenden Landraubtiere, ist ein Bewohner der Arktis. Er lebt am Ufer, auf den Inseln und den Treibeisschollen des Nördlichen Eismeeres in der Alten und Neuen Welt.

Nach Angaben von R. Scott, der erstmals versuchte, die Gesamtzahl der Bären in der Arktis zu schätzen, entfiel in den Jahren 1956 bis 1958 jeweils durchschnittlich ein Eisbär auf ein Terrain von 83 km². Umgerechnet ergab das einen Weltbestand von etwa 19 000 Tieren. Sowjetische Zoologen ermittelten für 1967/68 einen Eisbärenbestand in der sowjetischen Arktis von 5 600 bis 6 600 und im gesamten Verbreitungsgebiet 10 700 bis 13 600 Tieren, inzwischen haben sich diese Zahlen dank international vereinbarter Schutzmaßnahmen wieder erhöht.

Die Anpassung des Eisbären ans Wasser, an die arktische Kälte und an das Eis kommt schon im Aussehen des Tieres deutlich zum Ausdruck. Die weiße Farbe des Felles tarnt den Eisbären in der Umgebung von Schnee und Eis. Sein Körper ist gestreckt, stromlinienförmig, mit langem Hals und stark abfallenden Schulterblättern, bedeckt von dickem Pelz, der kein Wasser annimmt und ausgezeichnet gegen Kälte schützt. Das dichte Fell auf den Fußsohlen hält warm und verhindert zugleich ein Ausgleiten auf dem Eis.

Im Verhältnis zu seinem hohen Gewicht, das 800 bis 1 000 kg erreichen kann, ist der Eisbär erstaunlich beweglich und gewandt. Sein Vorkommen ist eng an offene Wasserstellen, Eisspalten, den Rand driftender Eisschollen und das Küsteneis gebunden, weil er nur dort seine Hauptnahrung, die Ringelrobben, erbeuten kann. Fast jede Stunde, die der Eisbär wach ist, widmet er der Nahrungssuche, um seinen großen Energiebedarf zu decken und die schützende Fettschicht anzulegen, die auf dem Rücken 5 cm, im Kreuzbereich bis zu 10 cm und auf den Sohlen 3 bis 5 cm erreicht. Das Fett sorgt dafür, daß er weder im Schneesturm noch im Eiswasser friert und sich auch in der langen arktischen Winternacht bei Kräften erhält.

Nur das trächtige Weibchen baut und bezieht eine Schneehöhle, in der sie Ende November oder im Dezember ein bis zwei Junge zur Welt bringt. Die Männchen und nichttragenden Weibchen hingegen streifen den ganzen langen und dunklen Winter über an den Ufern entlang und wandern über die Eisschollen des Meeres.

Über den Eisbären gibt es viele Erzählungen und Märchen, die ihn als ein Raubtier darstellen, das für den Menschen sehr gefährlich ist. Nach einhelliger Meinung der Polarforscher und Jäger trifft dies jedoch nicht zu. Nur äußerst selten kommt es vor, daß er über Menschen herfällt. So kam auf der Wrangel-Insel, wo in den letzten 40 Jahren unter verschiedenen Umständen Tausende von Bären erlegt worden sind, nicht ein einziger Mensch zu Schaden. In der Regel greift selbst ein verwundeter Eisbär die Verfolger nicht an, sondern versucht zu entkommen; dennoch ist die Jagd auf Eisbären nicht ungefährlich.

Männliche und weibliche Eisbären schließen sich nur in der Zeit der Paarung, im März/April, zusammen. Danach laufen sie wieder auseinander. Im Oktober beginnt die trächtige Bärin, eine Unterkunft zu suchen, wo sie ihre Jungen werfen und mit ihnen den kalten, langen Winter über schlafen kann. Sie kommt aufs Festland oder eine geeignete Insel und wählt einen Hang, der dem Süden, der wärmenden Sonne zugewandt ist und vor dem Nordwind schützt. Hier gräbt sie einen Gang in den Schnee, stampft ihn fest und legt sich eine Höhle an. Den Zugangstunnel führt sie für gewöhnlich schräg nach oben, so daß der Schnee den Kessel nicht zuschüttet, sondern nur die Ausstiegsöffnung bedeckt. Im Gewölbe der Kammer bringt die Bärin ein kleines Luftloch an, dessen Größe sie je nach Dauer des Winters ändern kann und das die Luftzufuhr und Temperatur im Innern der Kammer regelt.

Die Eisbärenjungen werden hilflos und blind, mit verschlossenen Gehörgängen und kurzem Fell geboren. Ihr Gewicht beträgt 600 bis 800 Gramm. Die Mutter drückt ihre Kleinen an die Brust, um sie zu wärmen und zu nähren. Im März/April verlassen sie gemeinsam mit der alten Bärin erstmals die Höhle. Nun beginnt die Alte, ihnen die Listen der Robbenjagd beizubringen und ihnen alles zu vermitteln, was sie wissen müssen, um unter den rauhen Bedingungen der Arktis zu leben.

Eisbären werden seit langem im Zoo gehalten, wo sie sich großer Bewunderung und Beliebtheit bei den Besuchern erfreuen. Die Zoologischen Gärten leisten einen wesentlichen Beitrag zu ihrer Erhaltung und zur Erforschung der Biologie dieser Tierart.

Ich will nun von einigen Erlebnissen mit jungen Bären im Moskauer Zoo berichten: Alter Überlieferung zufolge gab und gibt es im Zoo den sogenannten Tierkindergarten. Meist tummelt sich dort in einem großen, gemeinsam bewohnten Gehege der Nachwuchs unterschiedlichster Arten von Wild- und Haustieren. Nach zeitgemäßer Auffassung ist es Sinn und Zweck solcher Einrichtungen, das Menschenkind mit dem Tierkind bekannt und vertraut zu machen. Dafür geeignete Tierkinder dürfen gestreichelt, also im vollen Sinne des Wortes »begriffen« werden.

Im Tierkindergarten des Moskauer Zoos leben heutzutage, wenn möglich, nur Jungtiere, die ihren Müttern aus triftigen Gründen weggenommen werden mußten und deshalb nun auf menschliche Hilfe angewiesen sind. Zu den ständigen und beliebtesten Insassen gehören dabei immer auch junge Braunbären. Kaum sind sie da, ertönt lautes Geschrei durch den ganzen Zoo: einmal ist es Hunger, dann wollen sie nicht allein bleiben, bald streiten sie sich um ein gutes Plätzchen. Stille tritt erst nach der Fütterung ein. Dann liegen sie mit runden Bäuchen, zufrieden brummelnd, da und saugen an ihren Tatzen oder an den Ohren ihrer Geschwister.

Eine Woche später haben sie sich eingewöhnt, laufen hinter ihrem Pfleger her, und es kommt die Zeit, sie mit anderen Tierkindern bekannt zu machen. Mit den Dingowelpen ist dank deren umgänglichem Charakter und ihrem kaum bezähmbaren Temperament der Kontakt schnell hergestellt. Die Welpen schnappen sich beispielsweise einen Lappen, jagen mit ihm durch das Gehege – und die Bärenjungen hinterdrein. Die geschickten Dingos springen ohne weiteres über eine Wippe oder rennen einen aufgeschütteten Hügel hinunter, die Bärchen hingegen sind unbeholfener, sie rutschen auf der glatten Bahn aus und schlittern auf dem Bauch hinterher, während die Welpen schon längst auf und davon sind.

Wesentlich schwieriger gestaltet sich die Begegnung mit den jungen Eisbären. Erblicken die kleinen Braunbären zum ersten Mal einen weißen Verwandten in ihrer Gesellschaft, klettern sie wie auf Kommando augenblicklich am Gitter empor und lassen ein vielstimmiges Gebrumm und ein erschrockenes »uff-uff« ertönen. Doch auch der kleine Eisbär zeigt gewöhnlich keine große Neigung, mit ihnen nähere Bekanntschaft zu schließen: Den Kopf leicht an die Erde gepreßt und die Oberlippe vorgeschoben, stößt er eigentümlich heisere Laute aus und schmatzt oder schnalzt sonderbar; nähert sich jedoch ein Braunbärenkind, droht er dem Frechling durch ein ruckartiges Aufrichten des Kopfes.

Anders verläuft die Begegnung mit den Kragenbären, die normalerweise später als die anderen Jungtiere in den Kindergarten kommen. Kaum taucht ein Neuling im Gehege auf, da rennen alle übrigen Insassen zu ihm hin, die Bären natürlich vornweg. Wenn sie herangekommen sind, stellt sich der Kragenbär sofort auf die Hinterbeine und dreht sich, langsam von einem Bein auf das andere tretend, auf der Stelle, bald in Richtung des einen, bald eines anderen Ankömmlings. Zuerst drängt er mit dem Hinterteil die kleinen Eisbären zurück. Ein kleiner Raufbold aus der Gruppe der Braunbären nähert sich, ebenfalls hochaufgerichtet, erhält urplötzlich einen Backenstreich mit einer krallenbewehrten Tatze, worauf er sich laut winselnd trollt, während ihm die ganze schreiende zottige Gesellschaft folgt. Noch geraume Zeit danach ist auf dem Platz eine wundervolle Statuette zu sehen – die einsam stehende kleine Figur des jungen Kragenbären. Doch Kinder bleiben Kinder, und der Spieltrieb verbindet sie schon sehr bald.

Zuneigung und Abneigung, Vorliebe und Gleichgültigkeit zeigen sich bei den Tierkindern ganz deutlich, jeder hat sein Lieblingsspielzeug und sein bevorzugtes Ruheplätzchen. Heiterkeit erregt besonders die Beziehung zwischen den jungen Eisbären und – den Ferkeln, ganz gewöhnlichen rosafarbenen Hausferkeln. Letztere bewegen sich im Gehege vollkommen unbefangen, laufen von einer Stelle zur anderen und kratzen und wühlen Stück für Stück den gesamten Boden auf. Die kleinen Braunbären, ebenfalls begeisterte Wühler, nähern sich ihnen, die Ferkel aber sind auf der Hut: laut grunzend knuffen sie die aufdringlichen Zuschauer mit ihren Rüsseln, so daß diese zur Seite weichen. Die jungen Eisbären verhalten sich anders: Sie legen sich, in die Nähe der wühlenden Schweinchen gekommen, auf den Boden nieder, schieben sich ganz langsam näher heran und springen dann plötzlich in die kühle Grube, um es sich neben den Ferkeln bequem zu machen und gemeinsam mit ihnen ein Nickerchen zu halten.

Die Kragenbären wählen sich höhergelegene Ruheplätze aus: Sie klettern auf einen Baum, legen sich auf einen Ast und schlafen, die Beine zu beiden Seiten herunterhängend, ein. Unten aber tummeln sich die jungen Dingos, Wölfe und Füchse, die versuchen, springend nach den so verlockend herunterhängenden rosafarbenen Sohlen zu schnappen.

Im Herbst können wir bei den inzwischen herangewachsenen Jungtieren allerlei »Schmisse« von den stattgehabten Kämpfen feststellen: eingerissene Ohren, Schrammen an den Schnauzen und herausgerissene Haarbüschel. Nur bei den Ferkeln bleiben die Schwänzchen immer heil und übermütig geringelt.

Alle Bewohner des Tierkindergartens gewöhnen sich rasch an uns und den für sie festgelegten Tagesablauf; in ihre Beziehungen untereinander brauchen wir uns kaum einzumischen.

Doch es gibt auch Zeiten, von ihnen sehr erwünscht, von uns aber eher gefürchtet, in denen man tüchtig aufpassen muß. Es sind dies die Stunden der Fütterung um 8, 12, 16 und 20 Uhr, die eine Glocke ankündigt. Innerhalb weniger Augenblicke werden alle Spiele unterbrochen, das durchdrin-

Braunbär, Deckfarbe, 33,6 × 20,8 cm

gende Quieken der Ferkel übertönt alle anderen Laute, und die kleinen Bären aller vertretenen Arten beziehen Stellung vor ihren Türen. Wir aber, mit Besen bewaffnet, stehen dahinter. Die Glocke ertönt, die Türen fliegen auf, und die Bärchen kullern alle miteinander, einer großen zottigen Kugel gleich, in ihre Box, wo sich dann das Knäuel entwirrt und jedes Tier zu seiner Schüssel stürzt. Danach tritt erst einmal Ruhe ein, doch leider nicht für lange, denn immer glaubt einer, das Futter in der Schüssel eines anderen sei schmackhafter, und schon bildet sich wieder ein schreiendes Bündel, vollgekleckert mit Milch und Brei. Hier muß eingegriffen werden, sonst würden unweigerlich alle Schüsseln umgeworfen, und eine allgemeine Rauferei wäre unumgänglich. Ohne Zögern ergreifen wir den Ruhestörer am Schlafittchen oder bringen einen Besen zwischen die Raufbolde. Hat ihn der Angreifer ein paar Mal zu spüren bekommen, beruhigt er sich und rennt schleunigst zu einer freien Futterschüssel.

Alle Arten von Bären – die jungen Braunbären, Eisbären, Kragenbären und Malayenbären – von ihren Müttern verlassen oder aber in frühem Alter zu uns gelangt, bleiben die ganze Zeit im Tierkindergarten zusammen. Jeder beschäftigt sich auf seine Art. Den engsten und dauerhaftesten Kontakt aber bekommen wir zu den kleinen Braunbären. Sind sie durch etwas erschreckt worden, suchen sie immer Schutz bei uns Menschen, klammern sich an unsere Beine und schauen ängstlich um sich, was da wohl los sei. Ein erschrockener kleiner Eisbär jedoch kommt niemals von sich aus zu einem Menschen, er läßt auch niemanden an sich heran. Die Kragenbären wiederum suchen ihr Heil jeweils in der Flucht auf einen Baum, auf dem sie immer höher klettern.

Die braunen Bärchen unterhalten auch am längsten freundschaftliche Kontakte zu den mit ihnen vergesellschafteten Löwen- und Jaguarjungen oder auch Dingowelpen. Gemischte Jungtiergruppen kann man immer einmal im Zoo bewundern, so lange bis die Tierkinder in die Gehege der Erwachsenen zurückkehren oder an andere Zoologische Gärten abgegeben werden. Wo mögen sie wohl heute sein?

Aus den vielen Jahren meiner Tätigkeit sind mir vier bemerkenswerte Fälle besonders in Erinnerung geblieben.

Da war ein junger Kragenbär. Neu angekommen, erschreckt durch die Anwesenheit der anderen Tierkinder, kletterte er sofort auf einen Baum und wollte partout nicht wieder herunterkommen; weder eine Schüssel Milch noch Äpfel vermochten ihn zu locken. Es begann zu regnen, kalter Wind kam auf, und alle Bewohner des Tierkindergartens versteckten sich in ihren Häuschen, doch dieser kleine Bär saß auf seinem Baum, einen Ast fest mit den Tatzen umklammert. So mußte ich notgedrungen ebenfalls hochklettern, aber der Kragenbär wich mir aus und stieg noch weiter hinauf. Ich folgte ihm, bis wir beide die Spitze erreicht hatten. Den Kleinen vor dem Regen und dem Wind schützend, saß ich nun da oben. Es wurde dunkel, kalt und die Beine begannen, mir einzuschlafen. Mit einemmal aber spürte ich, wie die Nase des kleinen Bären unsicher meine Brust suchte, und wenige Augenblicke später umfaßten mich fest die kleinen Tatzen. Herunter kamen wir beide ohne weitere Abenteuer, durchfroren und durchnäßt – so saßen wir dann zusammen im warmen Häuschen, kuschelten im weichen Heu und aßen Abendbrot.

Wenn zwischen den 7 bis 8 Monate alten Eisbären Streit wegen eines Stückchens Zucker oder eines Bonbons ausbricht, kann man die Raufbolde schon nicht mehr einfach am »Kragen« packen, und selbst mit einem Besen, der üblichen Waffe gegen ungehorsame Tierkinder, ist hier nichts mehr auszurichten. Kaum hat dann ein Streit mit lautem Geschrei begonnen, stieben die anderen Bärchen nach allen Seiten auseinander und klettern auf die Bäume. Warum soll ich es verschweigen? Einmal kam es vor, daß mir nichts anderes übrig blieb als mit affenartiger Gewandtheit und Schnelligkeit am Gitter hinaufzuklettern und dort zu warten, bis sich die Leidenschaften der Bären gelegt und die Süßmäuler das unglückselige Bonbon verspeist hatten.

Unsere vergnügten kleinen Braunbären wurden schon häufig gefilmt, besonders die zwei lustigen Brüder »Tip« und »Top«. Die Arbeit mit ihnen bereitete keine größeren Schwierigkeiten. Sie gingen bereitwillig auf sämtliche Forderungen des Regisseurs ein, aber eine Voraussetzung mußte erfüllt sein: ein Gefäß mit Honig als Belohnung. Zeigte man auf einen Baum, kletterten sie hinauf, wies man auf eine Wippe, schaukelten sie, hängte man das Honiggefäß an einen höheren Ast, erhoben sie sich sofort auf die Hintertatzen und vollführten die tollsten Pirouetten. Eines Tages – die Filmaufnahmen waren kaum beendet und man hatte die anderen Tiere schon wieder in das Gehege des Tierkindergartens gelassen – standen auf einmal alle Bärchen, wie auf Kommando, für mehrere Sekunden wie erstarrt, um danach mit lautem Geheul auf mich loszurennen. Ich war ganz stolz und dachte: Ach, die Ärmsten, so haben sie sich nach mir gesehnt! Aber ich konnte kaum meinen vor Staunen offenen Mund schließen, da zerrten sie allesamt an

Eisbären, Kohleskizzen, 23,3 × 31,6 cm

meinen Hosen und dem Hemd, und man hörte nur noch das Reißen des Stoffes. Mir blieb nichts anderes übrig, als, einzelne Körperteile mit den Händen bedeckend, unter dem Gelächter der Besucher in das Haus zu laufen, wobei mir die Bärenschar schreiend folgte. Nachdem ich die kläglichen Reste meiner Kleidung in Augenschein genommen hatte, wurde mir alles klar – der an ihnen haftende Honig hatte die tolpatschigen Schleckermäuler angelockt, und sie wollten mich mit ihren Pfoten festhalten.

Es gab aber auch noch schlimmere Situationen. Einmal bekamen wir einen neuen Gast, einen jungen Kragenbären mit Namen »Onkel Wanja«. Da er überall etwas zu schleckern bekam, lief er gern an einem Halsband über die Treppen, durch die Korridore und hörte immer auf das Kommando: »Onkel Wanja! Los hierher! Marsch!« Als seine Gastrolle bei uns schon dem Ende zuging, durchbrach der Bär eines Nachts plötzlich den Fußboden seines Käfigs und gelangte morgens in das freie Gelände. Bald mußten die ersten Besucher kommen. Wie sollte man ihn aber wieder in Gewahrsam bringen? Da fiel mir im letzten Moment etwas ein. Ich öffnete die Tür, die zu einem Käfig führte und rief laut: »Onkel Wanja! Los hierher! Marsch!« Und mein Bär hatte nichts Eiligeres zu tun als zurückzukommen und in dem Käfig zu verschwinden, dessen Tür sich sogleich hinter ihm schloß.

Eisbär, Deckfarben, 16,8 × 25,1 cm

Hyänen – wie sie wirklich sind

Wohl nur wenige Tiere haben einen so üblen Ruf, wie er den Hyänen anhaftet. Immer wieder tauchen fragwürdige Geschichten auf, deren Ursprung oft in Beschreibungen zu finden ist, die aus weit zurückliegenden Zeiten stammen. Reisende aus fernen Ländern brachten erste Kunde von Hyänen mit, die natürlich ein noch verschwommenes, wenn nicht falsches Bild vermittelten. Trugbilder von Hyänen stammen auch aus dem Volksglauben der Einwohner jener Länder, in denen Hyänen leben. Das geisterhafte Bild wird durch den abstoßenden Eindruck verstärkt, den diese Tiere bei oberflächlicher Betrachtung bei vielen Menschen hinterlassen. Auch heute noch hört man von Zoobesuchern, die sich vor dem Gehege der Hyänen unterhalten, Redewendungen, die überlieferten Vorstellungen entsprechen. Voreilig fällt man Urteile und nimmt sich nur selten die Zeit, das Verhalten der Tiere zu beobachten. Unzweifelhaft ist der falsche Ruf auf Mangel an Wissen über das Leben der Hyänen zurückzuführen, und die Zoologischen Gärten bemühen sich deshalb darum, tiefgründige Kenntnisse über diese, wie über alle Tiere zu vermitteln.

Schon der berühmte griechische Philosoph Aristoteles (geb. im Jahre 384 v. u. Z.) hat versucht, Hyänen zu beschreiben, wobei er bis in kleine Einzelheiten vordrang. Er schreibt: »Die Hyäne hat ungefähr die Farbe eines Wolfes, aber sie ist zottiger und hat eine Mähne über den ganzen Rücken.«

Die damals verbreitete Meinung, daß Hyänen keine spezifisch weiblichen oder männlichen Geschlechtsteile hätten, bezeichnet er als eine Erfindung. »Aber«, berichtet er, »selten wird ein Hyänenweibchen gefangen. Ein Jäger hat erzählt, daß es unter elf gefangenen Tieren nur ein Weibchen gab; Weibchen sind listiger als Männchen.« Er sagt dann auch einiges über die Geschlechtsorgane der Hyänen aus, bleibt dabei aber noch undeutlich.

De Buffon und Daubenberg beschreiben 1677 in ihrer Schrift »Die allgemeine und besondere Naturgeschichte« auch die Hyäne. Unter Bezug auf Plinius und andere Naturhistoriker berichten sie: »Man hat gesagt, daß sie die Menschenstimme nachahmen, den Namen der Hirten im Gedächtnis behalten, sie rufen, verführen können, sie aufhalten und unbeweglich machen können; daß sie gleichzeitig eine Hirtin zum Laufen brächten, sie ihre Herde vergessen ließen, sie liebesverrückt machten.« Aber sie äußern schließlich, daß dies alles auch ohne Hyänen stattfinden könne und enden mit dem Satz: »Wir möchten nicht den Vorwurf ernten, den wir Plinius machen können, daß er seine Freude daran zu haben scheint, all diese Erzählungen in Umlauf zu bringen und sie weiter zu tragen.« Selbst bringen sie dann eine ausführliche Beschreibung der Hyäne in ihrer äußeren Gestalt und ihren inneren Merkmalen.

Die bösen Geschichten über Hyänen kommen besonders deshalb nur langsam aus der Welt, weil sie in der Regel auf falsch verstandenen Verhaltensweisen beruhen, und gerade über das Verhalten dieser Raubtiere in freier Natur war lange Zeit nur wenig bekannt. Man wußte lediglich, daß Hyänen nachtaktive Tiere sind, die nach Sonnenuntergang mit ihrem schauerlichen »Gelächter« den Menschen Furcht einjagen und daß sie sich mit großer Gefräßigkeit an den von Löwen erlegten Beutetieren gütlich tun. Allmählich haben dann die Kenntnisse zugenommen, sowohl durch die Haltung von Hyänen in Zoologischen Gärten als auch durch gezielte Beobachtung in der Wildnis, und viele Märchen verloren ihre irreführende Wirkung.

Es ist vornehmlich die Fleckenhyäne, die zu vielen Gerüchten Anlaß gegeben hat, obwohl eine andere Hyänenart auf den ganz alten Abbildungen zu sehen ist.

Wir kennen zwei weitere Arten: Die Streifenhyäne und die Braune Hyäne. Beide gehören einer anderen Gattung an. Die Streifenhyäne (Hyaena hyaena) ist ein scheues Nachttier, über das wir eigentlich noch immer wenig wissen. Sie besitzt eine lange Mähne, die über den gesamten Rücken verläuft. Das Verhalten der Streifenhyäne ist weniger auffallend als das der Gefleckten. Sie lebt einzeln oder in kleinen Gruppen und ist vornehmlich Beseitiger von Aas und Abfällen. Bei der Nahrungssuche gelangt sie nahe an die Dörfer heran. Sie kommt im Gebiet um die Sahara, im Arabischen Raum und in Indien vor.

Die Braune Hyäne (Hyaena brunnea), auch Strandwolf genannt, ist gleichfalls ein scheues Nachttier, das noch einsamer lebt und sich überwiegend von kleinen Säugetieren ernährt. Die Art ist freilebend nur noch im südlichen Afrika vertreten, doch selbst dort ist sie, vor allem in dicht besiedelten Gebieten, durch starke Bejagung selten geworden. Zu Unrecht betrachtete man sie als schädlich für das Vieh.

Die Fleckenhyäne (Crocuta crocuta) stellt eine Tierart dar, die überwiegend nachts aktiv ist. Sie lebt gesellig und kann in großen Gruppen vorkommen. Ihr Fell ist auf gelbbraunem Untergrund dunkelbraun bis schwarz gefleckt. Eine Rückenmähne ist bei ihr nicht oder nur andeutungsweise vorhanden. Fleckenhyänen finden wir in großen Teilen Afrikas südlich der Sahara. Über den Körperbau und die Verhaltensweise der Fleckenhyäne sind wir heute gut, wenn auch noch nicht vollständig unterrichtet. Bis zum 19. Jahrhundert wurden Vertreter dieser Art zusammen mit anderen Raubtieren dem Publikum in Menagerien, die von Stadt zu Stadt zogen und viele Sensationen versprachen, gezeigt. Mehr als ein Ausstellen in armseligen Käfigen stellte das nicht dar.

Am Anfang des vorigen Jahrhunderts entstanden dann in zunehmender Zahl Zoologische Gärten, die es inzwischen in aller Welt gibt. Ihr Ziel ist es heute, die Kenntnisse eines breiten Publikums über das Leben der Tiere ständig zu erweitern und einen ihnen gemäßen Beitrag im Kampf um die Erhaltung der Arten zu leisten. Durch Forschung im Zoo und in der Wildnis hat unser Wissen um die Tierwelt beträchtlich zugenommen, und es ist möglich geworden, eine große Anzahl von Tierarten in Menschenobhut zur Fortpflanzung zu bringen. Der Zoologische Garten Leipzig hat sich mit der erfolgreichen Haltung und Zucht von Fleckenhyänen in der Fachwelt einen besonderen Ruf erworben. Gerade die Zucht dieser Art stellt den Tiergärtner vor große Probleme. Die Tiere verhalten sich mitunter sehr aggressiv zueinander, und es kann dabei zu ernsthaften Verletzungen kommen. Soweit die Raumverhältnisse dabei eine Rolle spielen, ist mit der Zoohaltung natürlich die unvermeidbare Einschränkung verbunden, daß auch ein noch so groß bemessenes Gehege niemals die Weite bieten kann, die in der Natur zur Verfügung steht. Andererseits wissen wir, daß auch in der Wildnis das Tier keine uneingeschränkte Bewegungsfreiheit genießt und vielfach an Territoriumsgrenzen gebunden ist.

Im Zoologischen Garten »Natura Artis Magistra« von Amsterdam werden Fleckenhyänen schon seit vielen Jahren gehalten. Anfangs brachte man zur Fortpflanzung zwei Tiere in der bloßen Hoffnung zusammen, daß es sich bei ihnen um ein Weibchen und um ein Männchen handelte, und daß sie nicht miteinander kämpfen, sondern sich paaren würden. Eine für beide Tiere fremde Unterkunft sollte gleiche Verhältnisse schaffen und Kampfeslust dämpfen.

Bei der Fleckenhyäne sind sich die Geschlechter in ihren äußerlichen Körpermerkmalen so ähnlich, daß man Männchen und Weibchen nicht voneinander unterscheiden kann. Der sichtbare Teil des weiblichen Geschlechtsapparates gleicht dem männlichen in verblüffender Weise.

Die penisartig ausgebildete und erigierbare Klitoris des Weibchens und das Vorhandensein eines Scheinscrotums ließen lange Zeit jedes Fleckenhyänenweibchen für ein männliches Tier halten. Vielleicht finden wir in dieser Täuschung den Ursprung der Geschichte, die erzählt, daß Hyänen zweigeschlechtlich wären und jedes Tier in einem Jahr ein Weibchen, im anderen ein Männchen darstelle und daß Weibchen, ohne mit Männchen zusammenzukommen, Junge bekommen könnten.

Bei einem sich fortpflanzenden Paar wird bei uns das Männchen aus Angst vor Unfällen in der Zeit, zu der eine Geburt bevorsteht, vom Weibchen getrennt. Sobald das Junge da ist, greift die Mutter jeden, der zu nahe kommt, heftig an. Als einmal ein Junges zur Welt gekommen war, bevor man das

Paar auseinander bringen konnte, wurde das Männchen so heftig attackiert, daß es übel zugerichtet aus dem Käfig geholt werden mußte. Auch gegen die Tiere in den Nachbargehegen drohte die Hyänenmutter fortwährend, obwohl die Gitter ein Zusammenkommen natürlich ausschlossen.

Neugeborene Fleckenhyänen sind ausgesprochen muntere Tierchen. Im Gegensatz zu den Jungen anderer Raubtiere vermögen sie, sofort zu laufen und zu sehen, sobald sie den Mutterleib verlassen haben. Wenn die Mutter ihren Säugling von einem Ort zum anderen schleppt, hält sie ihn im Maul. Sie tut dies in einer eindrucksvollen Weise. Meist packt sie das Jungtier beim Nacken oder umfaßt den Rücken, aber mitunter nimmt sie auch den ganzen Kopf ins Maul. Das Junge hängt dabei schlaff und ohne Abwehr in einer Tragestarre. Wenn man bedenkt, welch enorme Kraft Hyänen mit ihrem Gebiß entwickeln können, ist man geneigt, die Prozedur ängstlich zu verfolgen.

Lange bleiben die Hyänenkinder nicht ruhig, wenn sie an einen anderen versteckten Ort gebracht worden sind. Neugierig krabbeln sie wieder hervor, Erfahrungen sammelnd und von der Mutter überwacht, die ständig mit ihnen beschäftigt ist. Die schwarzbraunen Tiere bekommen erst später das gefleckte Haarkleid, das wir von den Erwachsenen kennen. Wenn die Jungen selbständig genug sind, werden sie von der Mutter getrennt, und das Männchen wird unter großen Vorsichtsmaßregeln wieder dem Weibchen zugesellt.

Im Laufe der letzten Jahrzehnte ist durch ausführliche Beobachtungen in freier Natur viel Neues über das Leben besonders der Fleckenhyänen bekannt geworden. Vor allem durch Untersuchungen in Ostafrika, die auch zur Nacht durchgeführt werden, ist vom Sozialverhalten dieser Tierart ein ganz anderes Bild entstanden, als es vorher bestand. Großes Aufsehen erregten die Mitteilungen von Hugo und Jane Lawick-Goodall und Dr. Hans Kruuk. Sie (vor allem Kruuk) wußten durch eigene Wahrnehmungen viele Informationen über Fleckenhyänen zu sammeln, über ihren Platz in der sie umgebenden Natur sowie über die Beziehungen zwischen ihnen und den anderen großen Raubtieren und zu ihrer Beute.

Die Gruppen der Hyänen nennen wir »Clans«. Sie können aus einer großen Anzahl von Tieren, bestehen. Hyänen kommen in vielerlei Arten von Biotopen vor, vom dichten Buschgebiet bis zur offenen Ebene. Je offener die Umgebung und je mehr Futter vorhanden ist, um so größer kann der Clan werden. In der Serengeti-Ebene, wo sehr viele Huftiere leben, sind die Clans besonders stark. Dort zeigte sich der Zusammenhalt der Clans allerdings geringer als anderswo. Er wird durch das Verhalten der Huftiere, wie Zebras und Gnus, bestimmt. Diese Tiere ziehen durch die Ebene, und die Hyänen folgen ihnen. Ein Clan wird an den Grenzen seines Territoriums, seines Reviers, verteidigt. Einzelne Mitglieder stecken dort den Besitzstand mit Duftmarken ab. Grenzzwischenfälle mit Mitgliedern anderer Clans führen oft zu heftigen Kämpfen. Die Jagd auf Nahrung findet innerhalb des eigenen Reviers statt, zumindest dann, wenn dort ausreichende Nahrung vorhanden ist. Im Clan herrschen die Weibchen über die Männchen. Die Tiere haben Verhaltenselemente entwickelt, die dazu führen, daß Kämpfen innerhalb des Clans vorgebeugt wird. Auch während der gemeinsamen Streifzüge nach Nahrung und beim Fressen der Beute wird wenig untereinander gestritten.

Aus den Forschungsergebnissen wurde deutlich, daß die Fleckenhyäne ein echter Jäger auf lebende Beute ist, die gefangen und getötet wird, selbst große Tiere wie das Zebra und das Gnu gehören dazu. Die Hyänen jagen in Gruppen. Dabei haben sie eine besondere Strategie entwickelt, die von der Struktur der Heide und dem Verhalten der zu jagenden Beutetiere abhängig ist.

Durch ihren Lärm bei einer getöteten Beute ziehen sie Löwen an, die dann mit Erfolg vom getöteten Tier Besitz ergreifen, wobei die Hyänen kräftige Hiebe einzustecken vermögen. Nicht selten werden sie dabei aber auch getötet. Das Bild von Hyänen bei Überresten von Beutetieren hat den Eindruck erweckt, als seien Hyänen typische Aasfresser. Nächtliche Beobachtungen haben anderes gelehrt. Es ist natürlich auch nicht so, daß diese Tiere kein Aas zu sich nehmen würden. Es wird eben alles gefressen, was unter den gegebenen Bedingungen am einfachsten zu finden ist, und dazu gehören auch Überreste von vielen an Krankheit gestorbenen Tieren und von solchen, die durch andere Raubtiere getötet wurden.

In jedem Territorium gibt es eine Stelle, an der die Weibchen ihre Jungen zur Welt bringen und pflegen. Meistens werden zwei Junge pro Wurf geboren. Jedes Weibchen säugt ihre eigenen Jungen. Während der Säugezeit, die 12 bis 14 Monate dauert, beginnen die Jungen, mit von den getöteten Tieren zu fressen. Die Eltern bringen keine Nahrung an den Ort, wo die Jungen gepflegt werden.

Die gewonnenen Einsichten in das Leben der Fleckenhyänen in freier Wildbahn veranlaßte den Tiergarten in Amsterdam 1970 dazu, die Jungen nicht mehr abzugeben, sondern zu versuchen, eine Gruppe aufzubauen.

Die Stammeltern, aus Nigeria gekommen, waren schon drei bzw. vier Jahre im Zoo. Das Weibchen, das als erstes eingetroffen war, unterdrückte das Männchen vom ersten Tage an, indem sie ihn dauernd verfolgte. Ihre beiden ersten Töchter beteiligten sich später mit viel Begeisterung daran. Der Rüde war der Niedrigste in der Rangordnung, und er ist dies bis zum heutigen Tage geblieben, trotz des Wachstums und aller anderen Veränderungen, die sich in der Gruppe vollzogen.

Nach einer Reihe von Streitigkeiten zwischen der Mutter und ihren herangewachsenen Töchtern mußte das ältere Nachwuchsweibchen isoliert werden, weil es viel zu erdulden hatte und dabei trächtig war. Später kehrte es mit seinem inzwischen geborenen Jungen in die Gruppe zurück. Als es sich in Streitigkeiten einmischen wollte, die zwischen zwei Gruppenmitgliedern entstanden waren, wendeten sich diese beiden gegen sie, so daß sie mit ihrem unversehrt gebliebenen Jungen wieder isoliert werden mußte. Es ist also keineswegs einfach, im Zoo einen größeren Clan zusammenzustellen.

Das Gehege wurde umgebaut, und Trennwände wurden aufgestellt, so daß sich die Tiere einander soviel wie möglich aus dem Weg gehen konnten. So war es möglich, die Aggression zu veringern, und in der Tat benutzten niedriger stehende Gehegeinsassen dieses Angebot regelmäßig.

Die Führung der Gruppe ging auf eine der Töchter über, die einige Zeit lang zusammen mit ihrer Mutter die Regeln bestimmt hatte. Die andere Tochter mußte viel erleiden, aber als auch sie ein Junges bekam, stieg sie im Rang und vermochte sich nun stärker durchzusetzen. Junge zu haben, ist also wichtig beim Zusammenleben in der Gemeinschaft.

Jahre später stellte es sich heraus, daß die Stellung der nachgewachsenen Jungtiere in der Gruppe durch den Status bestimmt wird, den ihre Mutter im Clan einnimmt. So entstehen Beziehungen, die zu erkennen für den Tiergärtner sehr wichtig sind.

Von 1969 bis Anfang 1981 wurden in Amsterdam 51 Fleckenhyänen von den beiden Stammeltern und ihren Nachkommen geboren. Nicht alle blieben am Leben, und einige gelangten an andere Tiergärten. Wahrscheinlich war der Stammvater auch der Vater aller Nachkommen. Erst in den letzten Jahren wurde deutlich, daß es noch ein zweites Männchen in der Gruppe gab, sich aber dieses junge Tier noch nicht an der Fortpflanzung beteiligte.

Die wachsende Anzahl der Tiere im Gehege führte schließlich zu neuen Schwierigkeiten.

Wie in freier Wildbahn werden auch bei uns die Jungen im Außengehege an geschützten Plätzen geboren. Als einmal mehrere Weibchen gleichzeitig Junge zur Welt brachten, war es unmöglich, wahrzunehmen, welches Tierkind nun eigentlich zu welcher Mutter gehörte. Die Jungen wurden von allen Weibchen geschleppt, was einem Jungtier das Leben kostete. Als sich die Gruppe auf 15 Tiere vergrößert hatte, führten wir sie durch Abgabe halbwüchsiger Tiere auf eine angemessene Stärke zurück. Die trächtigen Weibchen bekamen von nun an eine Wurfbox im Innenraum.

Jungtiere werden bei den Fleckenhyänen mit großer Sorge behandelt. Die Zahl der Jungen beträgt wie bereits gesagt meistens ein oder zwei, doch einzelne haben drei Junge auf einmal bekommen, und ein Weibchen brachte sogar Vierlinge zur Welt.

Zur erfolgreichen Haltung einer Hyänengruppe ist eine genaue Kenntnis vom Verhalten dieser Tiere, die im Tiergarten aggressiver zu sein scheinen als sie es in freier Wildbahn sind, notwendig. Die Mitglieder eines Clans in der Wildnis sind nicht immer alle beieinander, und viele Individuen scheinen einen Teil ihrer Zeit mehr oder weniger allein zu leben. Im Tiergarten können wir dazu kaum eine Gelegenheit bieten.

Im Laufe der Jahre ist in unserem Clan die Führungsrolle von einem Weibchen aufs andere übergegangen. Dabei fiel auf, daß die Harmonie in der Gruppe in hohem Maße durch den Charakter des führenden Weibchens bestimmt war. Das eine hatte mehr Geschick als das andere. Für die übrigen Tiere der Gruppe ergaben sich auch mehrere Änderungen in ihrem Status.

Bei der Beobachtung ihres Verhaltens war es notwendig zu wissen, welches Geschlecht die Tiere der Gruppe haben. Glücklicherweise wurde eine Technik bekannt, die es ermöglichte, auch bei Fleckenhyänen das Geschlecht genau festzustellen. Dazu war es notwendig, einige Haare der Tiere zu sammeln, was mit der gebotenen Vorsicht geschah.

Unter dem Mikroskop zeigen sich Unterschiede in der Struktur der Zellen des Haares der Männchen und der Weibchen. Der große Vorteil dieser Technik besteht darin, daß die Hyänen nicht für eine nähere Untersuchung betäubt werden müssen, und dadurch Störungen in der Gruppe vermieden werden können.

Vergleichen wir das Verhalten der Hyänen im Tiergarten mit dem in freier Wildbahn, dann fällt auf, daß es wenig Unterschiede gibt.

Im Tiergarten ist die Aktivität der Hyänen während des Tages, vor allem zur Fütterungszeit, am größten. Nachts ist es relativ ruhig, es muß ja nicht gejagt werden. Aggression und Imponiergehabe nehmen zu, wenn die Gruppe im Verhältnis zur Größe ihres Geheges zu stark anwächst. Wird eine unterlegene Hyäne aggressiv behandelt, dann greift sie oft ein niedriger gestelltes Tier an, das seinerseits wieder ein in der Rangordnung tiefer stehendes Gruppenmitglied attackiert. Am schlechtesten ergeht es dem Stammvater und seinem Sohn, sie stehen an unterster Stelle der Hierarchie.

Der Stammvater hat im Laufe der Jahre gelernt, die Signale zu verstehen und aus dem Blickfeld der Angreifer zu fliehen. Die Menge an Aggression wird durch die Aggressivität des am höchsten gestellten Tieres, des führenden Weibchens, bestimmt.

In den Zoologischen Gärten hat es sich als möglich herausgestellt, eine Gruppe Fleckenhyänen zu halten. Wichtig dabei ist, das Verhalten der Mitglieder gut im Auge zu behalten. Die Größe der Gruppe ist von der Menge an Aggressivität abhängig, die die Gruppe in dem zur Verfügung stehenden Raum verkraften kann. Junge Tiere werden durch alle Mitglieder mit Sorge behandelt. Brüder und Schwestern aus einem Wurf haben nicht nur viele Kontakte untereinander, sondern auch mit anderen Mitgliedern der Gruppe.

Es ist oft recht schwierig, die Verhaltensstruktur einer Tiergemeinschaft zu durchschauen und daraus die rechten Konsequenzen auch für die Haltung im Zoo zu ziehen. Und daher muß auch manches Lehrgeld gezahlt werden. Doch die Mühe und der Aufwand lohnen sich. Jeder durch bessere Einsicht erzielte Zuchterfolg hilft ja, die bedrohte Tierwelt zu retten.

Rotfuchs, Deckfarben und Kreide, 24,8 × 23,1 cm

Vom Verhalten des Rotfuchses

Der Februar hat noch einmal Schnee und Kälte gebracht. Die Fichten sind weiß verhangen. In ihren Kronen suchen die winzigen Goldhähnchen rastlos nach Nahrung; dazwischen ihr heller Gesang im schnellen Auf-Ab der Töne. Spuren laufen scheinbar regellos durch den tiefen Schnee am Boden. Vogelfüße haben die Siegel ihrer Tritte hinterlassen. Und dort führt schnurgerade eine Zeile von Abdrücken den Pfad zwischen den Fichten entlang: vorn sind zwei Krallenspuren erkennbar mit den Balleneindrücken dahinter; dann folgen seitlich zwei ovale Dellen im Schnee und auf Lücke dahinter ein größerer Ballenabdruck. Wer ein Maß anlegte, fände eine Länge von gut viereinhalb und eine Breite von etwa dreieinhalb Zentimeter. Vierzig Zentimeter sind die hintereinanderliegenden Eindrücke voneinander getrennt. Auf einem Baumstubben liegt gelblichweiße Losung mit einer feinen Spitze aus Haaren und Knochen, nicht weit davon eine harnfeuchte Stelle an einem Stamm, der schräg aus dem Schnee ragt. Das genügt, um zu wissen, daß der Fuchs hier zu Hause ist.

Tief in der Tannendickung steht ein uralter Eichenstubben, der sicher mehr als einen Meter im Durchmesser aufweist. Gerade jetzt erreicht ihn ein Sonnenstrahl. Aus dem undurchsichtigen Gewirr der tiefästigen Fichten tritt ein Rotfuchs hervor, schüttelt den Schnee aus dem wolligen rotbraunen Pelz und gähnt herzhaft, wobei die Zungenspitze sich nach oben einkrümmt und die Augen fast geschlossen sind, während er die Ohren seitlich verdreht, so daß die vordere Kante des samtschwarzen Ohrrückens von vorn sichtbar wird.

Danach bleibt er stehen und betrachtet den Baumrest am Boden, den merkwürdigerweise kein Schnee bedeckt. Dort zieht es ihn hin, und offensichtlich nicht zum erstenmal. Ein kurzer Sprung, und er steht auf der einst von einem Sägeblatt geglätteten Fläche. Der Herr mit dem dicken Halbpelz und kräftigem Kopf, den der Jäger »Rüde« nennen würde, schaut nach unten, dann beginnt er linksherum auf dem Stubben sich im Kreise zu drehen, bis er nach knapp drei Umgängen hinten niedergeht, den Schwanz bogenförmig nach vorn einschlägt, das linke Vorderbein einknickt, dann auch das andere und damit nun endlich auch den Vorderkörper senkt. Jetzt wird der Kopf noch einmal kurz angehoben, dann verschwindet die Schnauze unter dem buschigen Schwanz; so wird die Luft vorgewärmt, ehe die Nase sie einsaugt. Die Ohren behalten Kontakt zur Außenwelt, während die Augen geschlossen und vom Schwanz überdeckt sind: Das äußere Ohr ist zur Seite gestellt, das andere ziemlich genau im Winkel von 90° dazu: So bleibt kein Knicken eines Zweiges ungehört. Jetzt aber schläft der Fuchsrüde und genießt die Wärme der Wintersonne. Er liegt gern etwas erhöht, und gäbe es die Jäger nicht, mit denen er schon manche Erfahrung gemacht hat, dann würde er überhaupt in keinem Erdloch verschwinden. Und er wäre in dieser Jahreszeit auch am Tage noch weit mehr unterwegs, als es ohnehin der Fall ist.

Das war vor zwei Monaten noch ganz anders. Da war er ein ausgesprochen nächtlicher Geselle. Aber die Nächte waren damals noch deutlich länger als jetzt Mitte Februar. Er weiß das nicht, aber die Natur hat ihn mit einer »inneren Uhr« ausgestattet, die ihm nicht nur die Tageszeiten anzeigt, sondern auch die Zeiten des Jahres. Jetzt aber schläft er in seiner eingerollten Bauchlage auf dem mächtigen Eichenstubben, jedoch nicht sehr tief. Plötzlich hebt er den Kopf über die Schwanzwurzel an, blinzelt in die Sonne und öffnet nur ein ganz klein wenig das kräftig bezahnte Maul, während eine sonderbare Reihe von genau sieben Bell-Lauten hörbar wird, leise beginnend und sich stetig steigernd, eine ziemlich hohe Stimme, etwa so wie bei einem Hund seiner Körpergröße. Gar nicht weit von hier gibt es Ohren, die diese Lautfolge sehr aufmerksam aufgefangen haben. Sie gehören einer Füchsin, die der

Jäger auch als Fähe bezeichnet. Im fichtenbestandenen Hang gibt es eine mit niedrigem jetzt kahlem Buschwerk bestandene Aussparung, wo unter einer grauen Steinplatte eine Öffnung sichtbar wird, um die herum nur eine dünne verharschte Schneedecke liegt, ein Zeichen für die Wärme, die aus der Höhle kommt, denn der Bau ist befahren, und eingerollt in einem Kessel liegt die Fähe, derem scharfen Gehör die Bellstrophe nicht entgangen ist, die der Rüde auf dem Stubben soeben hören läßt. Sie würde sie aus vielen anderen herauskennen, denn seit drei Jahren ist der kräftige Rotpelz, der schon manchen Rivalen abgeschlagen hat, ihr Partner. Sein hartnäckigster Konkurrent ist übrigens ein eigener Sohn, der jetzt drei Jahre alt wird. Dessen Bellstrophe hat nur fünf Laute, und seine Stimmlage ist auch für unser Ohr unverkennbar. Aber nur in dieser Jahreszeit, die der Jäger die Ranzzeit nennt, kann man diese merkwürdige Lautäußerung vernehmen. Aber nicht nur diese Laute.

Sobald sich die Dämmerung über die Fichten des Berghanges senkt, wird es unruhig im Revier der Füchse. Die Fähe ist aufgestanden und hat ihren Bau verlassen. Zunächst beginnt sie sich gründlich zu schütteln, eine Welle der Bewegung, die über den ganzen Körper hinweg läuft und schließlich auch den Schwanz, den sie sonst auffällig angehoben trägt, erfaßt. Dann setzt sie sich auf die Hinterkeulen und beginnt ein intensives Kratzen an Hals und Kopf, langsam und behutsam bezieht sie auch das Innere der Ohrmuschel und den Eingang des Gehörganges mit ein. Dann steht sie wieder auf allen vier Beinen, setzt die vorderen trippelnd streckend voran, senkt den Vorderkörper, wobei die Zehen gespreizt werden und rekelt sich. Aber hinter allen diesen Bewegungen steckt eine Unruhe, die sie fahrig erscheinen läßt, sie läuft ein Stück, winselt leise vor sich hin, schnuppert hier und dort am Boden, stößt die Schnauze tief in den lockeren Schnee, schaut wieder auf, geht einen Schritt, zieht ein Hinterbein etwas an und hinterläßt einen gelben Harnspritzer, der den Schnee verfärbt. Und da erreicht sie wieder ein vertrauter Klang, mit hellem Winseln trabt sie durch das Dickicht der Fichten, und in ihre wechselnden Laute mischt sich ein neuer Ton: Es ist eine sonderbare Folge rhythmischer Laute, die der Rüde mit geschlossenem Maul bei leichtem Naserümpfen ausstößt; sie klingen wie »Iumm-iumm-iumm« und sind nur ganz in der Nähe vernehmbar, gewissermaßen Kontaktlaute zwischen dem Paar. Dann schnuppert er unter ihrer Schwanzwurzel und folgt ihrem scheinbar regellosen Umherrennen auf Schritt und Tritt. Sie wendet sich, beide stemmen sich die Vorderpfoten wechselseitig gegen die Brust und stehen gegeneinander wie ein umgekehrtes V; die Mäuler sind offen, sie kreischt und keckert, er bleibt stumm, und schon bricht sie das Verhalten ab, geht zu Boden, wendet sich, der »Tandemlauf« setzt sich fort, hin und her, einen Wirrwarr von Spuren im Schnee hinterlassend. Gelegentlich löst sich der Rüde ab, beschnuppert einen Stein und hebt ein Hinterbein, um eine Duftmarke von Harn dort gezielt abzusetzen.

Jetzt fährt die Fähe wieder herum und keift ihn an. Er setzt sich, hebt den Kopf hoch und bietet den Hals dar. Ihr scheinbarer Angriff geht in ein Beknabbern über, wobei sie die Oberlippe nach innen einschlägt und die langen gelbroten Haare durch ihre Schneidezähne zieht, die wie ein Kamm wirken. Aber lange währt das alles nicht; schon läuft sie eigentümlich geduckt fort, den Schwanz aufgebogen und er folgt ihr weiter. Dann ist der andere da. Nur für einen Augenblick traben beide nebeneinander hinter der Fähe her, dann wendet sich der alte Rüde, stellt sich hochbeinig und krümmt den Rücken auf, wobei der Kopf schräg nach unten weist. In dieser Haltung umkreist er den Rivalen in einem »Buckellauf«, zwischendurch beginnt er kurz erregt im Schnee zu scharren, dann wirft er sich wälzend zu Boden und stößt ein ohrenbetäubendes Kreischen aus. Und jetzt stehen beide gegeneinander hoch mit heftig keckernden Lauten, der jüngere Rüde weicht aus und stößt einen langgezogenen Schrei aus, der von den fernen Felswänden als Echo zurückkehrt.

Für Augenblicke herrscht tiefe Stille. Dann ertönt die bekannte Bellstrophe mit den sieben Lauten und bald ist das Paar wieder beieinander. Es ist eine besondere Nacht; der Jäger würde sagen, die Fähe ist in Hitze, und das währt höchstens drei Tage. Der Rüde hat es gerochen, denn im Harn des Weibchens sind Stoffe, die den Zustand seiner

Partnerin anzeigen. Es kommt, wie es auch die Jahre zuvor geschah: Er reitet auf und bald hängen die beiden Partner stehend mit abgewandten Köpfen aneinander, dieses Mal genau 28 Minuten lang, wie wir es auch von unseren Hunden kennen. Dann setzt ein lebhaftes Nachspiel ein, die Fähe wälzt sich, beleckt sich zwischendurch, läuft auf den Rüden zu und wieder fort, immer tief geduckt und winselnd, er folgt ihr unablässig und schließlich liegen beide Körper an Körper auf dem großen Eichenstubben in der Tiefe des Fichtenwaldes. Und das schauerliche Lied des Waldkauzes dringt durch das Dunkel der Februarnacht.

Im Fuchsrevier wird es jetzt ruhiger, wenn auch in der Nachbarschaft der abgeschlagene Rüde noch unterwegs ist und sich mit einer zweijährigen Fähe verpaart hat, die nun erstmals in ihrem Leben Mutter wird. Aber das währt noch etwa 52 Tage, wenn frisches Grün die Laubgehölze einzufärben beginnt. Bis es so weit ist, hat sich zwischen dem Paar manches verändert. Die Fähe bindet sich immer fester an den Bau. Der Rüde schläft außerhalb, doch läßt er wiederholt noch die Bellstrophe hören. Er stellt jetzt besonders den Mäusen nach, rupft sich aber auch durchfrostete Beeren des Herbstes – wie die Schlehbeeren – von den kahlen Sträuchern, scharrt überwinternde Insekten und Larven aus dem Boden, ja, er hat sich sogar auf bestimmte Bodenvögel spezialisiert, denen er nicht selten sich unbemerkt nähert und sie dann durch schnellen Zusprung überwältigt. Oft kreuzen sich im freien Gelände vor dem Fichtenhang die Fährten verschiedener Füchse; sie alle kennen sich individuell und haben ihr Wegenetz so angelegt, daß sie sich kaum je begegnen. Es sind vor allem die Fähen, die gewissermaßen »das Land aufgeteilt« haben. Nur zwei einjährige Füchse streunen ziemlich regellos im Gebiet umher, aber sie weichen aus, wenn die Altangesessenen sie bedrohen. Ernstliche Begegnungen gibt es jetzt nicht mehr. Der Schnee schmilzt dahin, auch die kalten Nächte im April rufen den Winter nicht mehr zurück.

Die Fähe in der Höhle unter dem großen grauen Stein, den jetzt wieder ein Moosrasen überzieht, wird immer stiller und verläßt nur noch im schützenden Dunkel der Nacht gelegentlich den frisch ausgemuldeten Bau. Nein, sie polstert den künftigen Wurfkessel nicht aus, aber am schwellenden Gesäuge fallen die langen Winterhaare aus. Der große Rüde ist auch in den frühen Morgenstunden oft noch auf Beutegang. Und während die wärmenden Strahlen der Sonne immer weiter in das tiefe Grün der Fichtendickung mit ihrer belebenden Kraft vordringen, streicht er fast geräuschlos durch das Gezweig, während ihm drei lange Schwänze frisch erbeuteter Waldmäuse links aus dem Fang hängen. Jetzt hat er die kleine Lichtung vor dem großen grauen Stein erreicht. Hier liegt ein Hügel frisch ausgeworfener Erde vor dem Bau. Er bleibt stehen und beginnt zu winseln, das in rhythmische »Iumm-Laute« übergeht, am Ende deutet sich sogar noch die Bellstrophe an. Lange braucht er nicht zu warten: die Fähe erscheint am Eingang, winselt und übernimmt das Futter, das ihrer eigenen Ernährung dient, denn Junge sind noch nicht im Kessel. So braucht sie in diesem Zustand den schützenden Bau kaum noch zu verlassen.

»Zi-zi-gürr« ruft es aus den Kronen der hohen Fichten, die voller Zapfen hängen; die kleinen Meisen mit der Federhaube sind munter auf Nahrungssuche, aber auch die Besetzung der neuen Brutreviere hat begonnen. Weiter hinten ertönt das gleichförmige Rufen der Tannenmeisen mit zwei wechselnden Tonhöhen. Auf der Spitze einer Fichte leuchtet rot die Brust eines Kreuzschnabels im rötlichen Schein der tief stehenden Sonne auf und weithin hallen seine »Gib«-Rufe und die kurzen Strophen des einfachen Liedes. Sein Weibchen hat längst Junge im Nest, denn jetzt gibt es für sie ein reiches Nahrungsangebot, und überall liegen die »Tannenzapfen« am Boden, bei denen der gekreuzte Schnabel die Deckschuppen angehoben hat, um die Samen freizulegen.

In diesen ersten Apriltagen ist es so weit: im Kessel liegen vier kleine Füchslein, die der Jäger Welpen nennt. Ihr dünner Pelz ist schwarzbraun, die Ohrspitzen hängen herab, Gehörgang und Augen sind noch geschlossen, zwei haben eine leuchtend weiße Schwanzspitze, und alle vier können vernehmlich quärren, ein langgezogener Laut, der leicht vibriert und bei jedem ein wenig anders klingt. Sie schieben sich übereinander, wenn die

Fähe nicht bei ihnen ist, denn ihr kleiner Körper ist noch außerstande, die notwendige Temperatur aufrechtzuerhalten; dies wird erst nach knapp drei Wochen möglich sein, wenn die Welpen beginnen, zu der Milch der Mutter auch feste Kost aufzunehmen. Aber so weit ist es noch nicht. Die Fähe wärmt eingerollt ihre Jungen; wenn sie zu saugen beginnen, wendet sie sich auf die Seite und liegt dann leicht eingekrümmt, Beine und Schwanz gestreckt, dazwischen bemühen sich – auf dem Bauch liegend – die Welpen unter rhythmischem Stemmen der kleinen Vorderpfoten gegen das Gesäuge der Mutter um die begehrte Milch.

Bei dem großen Rüden wird der Winterpelz langsam schütter. Er ist viel unterwegs, und dies nicht nur in den jetzt wärmer werdenden Frühlingsnächten. Die Fähe braucht sich selbst kaum um Nahrung zu bemühen, so viel schleppt er herbei. Zwischen ihnen werden nur noch leise Kontaktlaute ausgetauscht, die sie anderen Ohren nicht verraten. Der Wald ist unruhig geworden. Nach weiter Wanderung kehren die Sänger zurück. Dort hört man auf einer der Fichtenkronen eine schnelle Folge hoher Laute; die Heckenbraunelle ist wieder im Revier. Weit oben auf der Höhe trägt die feuchte Luft des Abends das klang- und wechselvolle Lied der Singdrossel weit hinaus, die eben gerade das »Kuwitt« des Waldkauzes täuschend nachgeahmt hat; doch der sitzt dicht an einen Eichenstamm gedrückt noch reglos in der Tiefe des Bergwaldes und blinzelt bei diesen Lauten nicht einmal mit den Augen. Seine Zeit kommt später, wenn das Licht des Tages verschwindet und die Schleier der Nacht für die Jäger des Tages den Blick verhängen, während die Eulenaugen noch mit dem Restlicht etwas anzufangen wissen und den lautlosen Flug durch die hoch aufragenden Stämme der Buchen hier oben möglich machen. Und ihren Ohren entgeht das Gewisper der Mäuse ebensowenig wie das Rascheln des Laubes unter ihren kleinen Füßen. So muß der Fuchs auf manche Waldmaus verzichten, weil ihm Waldkauz und Ohreule, die noch später sich vom Stamm löst, an dem sie tagsüber reglos saß, zuvorgekommen sind. Aber auch die hübschen Mäuse mit der gelben Kehle und den großen Augen und Ohren sind aufmerksam; jeder will leben, und wenn der Mensch nicht dazwischen kommt, bleibt alles hübsch im Gleichgewicht. Es raschelt im Laub und ein großer schwarzer Laufkäfer mit höckerigen Deckflügeln hat einen Regenwurm gepackt, der im Schutz des Dunkels das Erdreich zu mehr als der Hälfte seines langen Körpers verlassen hat, um abgefallene Blätter in seinen Gang zu ziehen. Der Käfer spuckt einen braunen Saft, und die Gewebe lösen sich auf, der Rest des Wurmes reißt ab und zieht sich ins Erdreich zurück.

Vor dem Fuchsbau ist der Erdhügel längst flach getreten, und heute, gut dreieinhalb Wochen, nachdem das erste Quärren im Kessel ertönte, taucht ein kleiner Kopf im Eingang auf, und die gelbbraunen Augen mit der senkrecht schlitzförmigen Pupille erblicken die fremde Umgebung und lösen schnellen Rückzug aus, wenigstens ein Stück. Dann schiebt sich der kleine Körper wieder vorwärts, denn dahinter drängt der nächste nach. Und bald werden die »Kampfspiele« auf der Sandfläche vor dem Bau fortgesetzt. Plötzlich ertönt ein leises »Wuff« der Fähe, die reglos auf dem grauen Stein lag: Blitzartig verschwindet die kleine Gesellschaft im Dunkel der Höhle; erst als das rhythmische Lokken hörbar wird, kommen sie langsam wieder hervor. Und, erstaunlich genug: da taucht noch ein etwas schmächtiger Fuchs auf, der sich ja seit Monaten hier herumtreibt. Eine vorjährige Tochter, die nun die Jungfüchse eifrig beleckt, als wäre sie selbst die Mutter. Diese schaut scheinbar unbeteiligt zu. Und selbst der zweijährige Rüde, der keine Partnerin gefunden hat, taucht mit einem Maul voller Mäuse auf und legt sie, wieder die rhythmischen Locklaute äußernd, die wie »iumm« klingen, vor den Kleinen ab, die sich so heftig balgen, daß nur der vierte, der im Hintergrund saß, sich unauffällig eine der herumliegenden Mäuse greifen kann und damit schleunigst im Bau verschwindet. Der alte Rüde ist dem jüngeren begegnet, er beachtet ihn überhaupt nicht und schleppt den Junghasen im Fang zielstrebig zum Bau. Die Jungfüchse laufen neben ihm her, aber es dauert ein Weilchen, bis der im Kreise wandernde Rüde endlich das Futter abgibt. Da steht die Fähe auf, verläßt den erwärmten grauen Stein, und greift die Beute. Sie stemmt eine

Fuchs, Kreideskizze, 9,8 × 15,8 cm

Vorderpfote auf und schneidet mit den scharfen Kanten ihrer Reißzähne die Beute an. Einen Teil nimmt sie selbst in Beschlag, der Rest wird wieder im lebhaften Streit von den Jungen zerkleinert, Fellfetzen fliegen umher. Immer wird im Stehen gefressen; kommt einer zu nahe, kehrt man ihm das Hinterteil zu und drängelt ihn ab, ohne die kostbare Beute aus dem Fang zu lassen. Die kleinen Zähne haben noch Mühe, diese Beute zuzubereiten, aber die Eingeweide werden begierig herausgezerrt. Die Fähe unterbricht ihr Fressen immer wieder, wittert mit erhobener Schnauze und schaut aufmerksam bald hier-, bald dorthin, lange aber nach oben, wo ein Mäusebussard seine Kreise zieht; sein katzenartiger Ruf hallt weit über die Berge hinweg.

Heute Nacht war das laute Bellen der Fähe weithin zu hören, jetzt aber nicht als Bellstrophe, sondern als unregelmäßig gereihte Einzellaute geäußert und dem typischen Hundebellen nicht unähnlich; es war ein durch die Fichtendickung brechender Wildschwein-Keiler, der sie so in Erregung versetzte. Ihre Laute waren höchster Alarm für die Jungen, die flugs tief in dem Bau verschwanden. Und einer streunenden Katze wäre es fast an den Hals gegangen, so rabiat stürzte der große Fuchsrüde auf sie zu. Sie hat noch lange auf der alten Eiche im Hochwald gesessen, ehe sie ihren Weg fortsetzte.

Das Fell der jungen Füchse, die gut sechs Wochen alt sind, ist jetzt heller, und in ihrem Verhalten treten immer mehr Bewegungsmuster auf, die auch die erwachsenen Füchse zeigen. Noch eine Woche, und sie haben ein brandrotes Haarkleid wie die Alten. Die Fähe hat ihren Winterpelz verloren, sie sieht abgefallen aus mit dem hängenden Gesäuge. Oft ist sie auch bei Tage, besonders in den frühen Vormittagsstunden, unterwegs, um Nahrung heranzuschaffen; genau 26 Tage nach der Geburt hatte sie damit begonnen, und manchmal erscheinen nacheinander alle vier erwachsenen Füchse, die sich im Revier aufhalten, am Bau, um Futter anzuschleppen.

Die Jungen sind fast unersättlich. Doch auch der Trieb, Nahrung herbeizuschaffen, ist bei den Altfüchsen jetzt überaus stark. Da steht gerade eine der beiden Jungfähen an einem Fellstück zerrend, das vor dem Bau liegt, als der große Vaterrüde sich von hinten nähert, als wolle er aufreiten und dann das Fasanenkücken, das er im Maul trug, genau vor ihr fallen läßt. Und sind die Jungen einmal wirklich nicht mehr zum Fressen zu bewegen, dann nimmt der das Beutestück wieder auf, schnürt durch die Fichtendickung, bleibt plötzlich stehen, wittert am Boden, beginnt zu scharren und legt seine Nahrungsreserve in die kleine Bodengrube. Danach schiebt er mit der Schnauze von allen Seiten her Bodengrund über die Nahrung, ab und an stupst er dazwischen senkrecht von oben mit der Nase darauf. Irgendwann bricht dieses Verhalten ab, und nur er merkt sich diesen Platz und findet ihn wieder, wenn der Vorrat benötigt wird.

Die Tage sind länger geworden, die kleinen weißen Blüten des Siebenstern blinken in der Nähe eines Wasserrinnsales, dort hat sich ein Bärlapp ausgebreitet, hier bildet der Rippenfarn einen dichten Bodenbewuchs. Lebermoose polstern die Erde, während oben im Buchenwald Waldgeißblatt und Gamander-Ehrenpreis sich zwischen den Perlgrasbeständen angesiedelt haben, an einer Senke reckt sich der herrliche Adlerfarn empor. Und tief im Schatten der Buchen leuchten die weißen Glocken des Waldvögleins auf, einer Orchidee, die den kalkigen Felsboden liebt, der sich hier unter der Steilung verbirgt. Was der Buchfink unermüdlich mit zwei sich recht regelmäßig abwechselnden Motiven in Dur in die flimmernde Luft des Morgens schmettert, tönt weiter unten aus den Fichten in Moll zurück, wo der Fitislaubsänger mit seinen Strophen alle Artgenossen wissen läßt, daß sein Revier besetzt ist. Die einen singen, die anderen fressen, und in den Blättern des Geißblattes werden die feinen Gänge immer länger und breiter, die kleine Schmetterlingsraupen dort nagen, ohne die Blattoberfläche zu beschädigen. Unsere Füchse beachten dies freilich nicht, wohl aber die Häher, die über ihnen rätschen und sie hartnäckig verfolgen, nicht selten sogar auf sie herabstoßend, freilich sicheren Abstand wahrend. Dann ist es besser, erst einmal im Bau zu verschwinden oder sich sonstwo unsichtbar zu machen.

Jetzt – Ende Juni – haben die jungen Füchse schon einen beachtlichen Umkreis ihres Heimes erkundet, aber noch immer wird ihnen der Hauptanteil ihrer Nahrung zugetragen; die Spiele sind seltener geworden, und nun geschieht etwas ganz Neues: Plötzlich schiebt sich die eine Jungfähe mit hochgewölbtem Rücken an einem Stämmchen entlang, den Blick auf die Schwester gerichtet, die ganz verwirrt dasteht, dann geduckt hinzuläuft und winselt. Zum ersten Male wurde Überlegenheit demonstriert, es gibt jetzt so etwas wie eine »Rangordnung« zwischen den beiden.

Die jungen Rüden haben inzwischen einen Blaubeerbestand entdeckt und schlagen sich gerade den Magen voll Beeren. Die Zeiten sind vorüber, da die Fähe ihre Jungen noch zum Bau zurücktragen konnte, wobei diese dann – im Nacken gepackt – eine starre eingekrümmte Haltung einnahmen. Eher kommt es schon vor, daß sie einmal am Rücken der Jungen mit dem Maul zupackt, was diese zum Ausweichen veranlaßt. Der Familienverband lockert sich, und wenn knapp vier Monate nach der Geburt vergangen sind, wird der Nachwuchs sich verselbständigen und sich auf eigenen Pfaden im Streifgebiet dieser Fuchssippe bewegen, deren engerer Zusammenhang freilich nicht völlig verlorengeht.

Während die Füchse im Frühjahr eine sehr vielgestaltige Kost angenommen haben, ändert sich dies mit dem beginnenden Sommer – wir haben die längsten Tage – erheblich. Jetzt werden überraschend häufig Insekten verzehrt, die dicken Engerlinge im Boden sind geradezu Leckerbissen. Dabei gibt es inzwischen schon deutliche Unterschiede bei dem Nachwuchs in der Bevorzugung bestimmter Nahrung. Der eine junge Rüde ist auf Beeren erpicht und hat eine besondere Verfahrensweise entwickelt, um an die begehrten Heidelbeeren zu gelangen. Aber im Fuchsrevier gibt es einen Vogel, der heute sonst sehr rar geworden ist, den Uhu. Und so ist eines Morgens die Fuchssippe um einen Angehörigen des Nachwuchses verringert, unser Freund der Beeren des Waldes erlag den gnadenlosen Fängen dieser großen Eule. Es war kurz vor

Irbis, Graphit, 26,4 × 31,5 cm

Sonnenaufgang, als sein schrecklicher Schrei die Harmonie dieses Waldhanges zerriß. Der alte Rotrock sprang von seinem Stubben und stürmte in die Richtung bergan, wo die quälenden Rufe herkamen. Doch als er die Stätte des Überfalles erreichte, fand er nur noch Blutspritzer, Fellstücke und zwei Uhu-Federn vor, während sich die ersten Strahlen der Sonne vielfarbig in den Tauperlen der Spinnennetze verfingen. Reglos standen die dunklen taubetropften Fichten, verwurzelt im grauen Gestein, das vor Jahrmillionen einmal lebendiger Meeresboden war. Und das Rotkehlchen im blaugrünen Gezweig verströmte seinen Sang, dessen Töne wie Perlen auf einer schwingenden Seite aufgereiht das Lied von der sich immer wieder verjüngenden Natur in diese Welt hinaustragen, wo Leben und Tod wie das Ein- und Ausatmen zusammengehören. Der Rüde trollt von hinnen und kehrt zu seinem Ruheplatz zurück. Die Augen sind geschlossen, aber die Ohren wachen über sein Leben.

Leopard, Kreideskizze, 26 × 34,8 cm

Leopard, Kreide, weiß gehöht, 21,8 × 19 cm

Leopard, Deckfarben, 25,3 × 32,1 cm

Männlicher Löwe, Gouache, 24,4 × 29,5 cm

Löwin, Kreide, aquarelliert, 22,8 × 30,2 cm

Von Löwen und Tigern

Wenn ich über mein Verhältnis zu den Tieren im allgemeinen und zu den großen wilden Katzen im besonderen berichten und dabei auch die Frage beantworten soll, wann und wie solche Beziehungen zustande kamen, dann muß ich bis auf meine frühe Kindheit zurückgehen.

In den ersten Jahren meines Lebens wuchs ich in einem kleinen Gebirgsdorf in engster Naturverbundenheit auf. Wenn mich meine Eltern suchten, fanden sie mich im Gehöft oder auf den Feldern eines mir sehr zugetanen Bauern, oder sie sahen mich beschäftigt mit meinen Tieren, die mein Vater hauptsächlich für mich, und natürlich auch etwas zu seiner eigenen Freude, angeschafft hatte. Zu diesen Haus- und Hofgenossen zählten eine stattliche Anzahl verschiedenen Rassen zugehöriger Hauskaninchen, ein Kanarienvogel, ein Stamm Zwerghühner, eine Katze und als Krönung der Menagerie ein rotbrauner Dobermann namens »Pascha«. Zu diesem Hund spürte ich eine besondere Zuneigung, die offensichtlich erwidert wurde. Dafür gibt es ein Beispiel, an das ich mich noch heute gern erinnere. Ein Junge, der wesentlich älter und einen Kopf größer war als ich, hatte es auf mich abgesehen, wann und wo er mich auch traf, immer drangsalierte er mich, verdrehte mir die Arme oder nahm mich in den »Schwitzkasten«. Eines Tages begegneten wir uns vor unserem Haus, und in dem Bewußtsein, daß mein Pascha aus einem Fenster unserer Wohnung auf die Straße schaute, hänselte ich meinen Widersacher, der sogleich auf mich zurannte, um eine Schlägerei zu beginnen. Doch er kam nicht dazu. Pascha war inzwischen zur Stelle, und er zerriß dem Kraftprotz den Hosenboden, so daß der mit blankem Hinterteil das Weite suchte. Fortan hatte ich Ruhe vor ihm.

Zu den Stallungen des erwähnten Bauern hatte ich uneingeschränkten Zugang. Pferde, Rinder und »Stallhasen« waren dort meine Freunde. Oft erlebte ich, daß ein fremder Bauer mit einer Kuh am Halfter erschien, zu der »mein« Bauer dann einen Bullen heranführte. Eines Tages, zu diesem Zeitpunkt mag ich fünf Jahre alt gewesen sein, befand ich mich allein im Stall, alle Erwachsenen arbeiteten auf dem Feld, da brachte ein fremder Mann wieder eine Kuh. Ich band kurzerhand den Bullen los, führte ihn auf den Hof, und der Stier tat das Seine. Fassungslos und wie gelähmt ließ der Fremde alles geschehen. Und erst als ein Gehilfe erschien, um das Füttern vorzubereiten, kam er zu sich und führte seine Kuh eilig davon.

Als auf dem Dorfplatz einmal die Körung herangewachsener Bullen vorgenommen wurde, durfte ich einen am Nasenring zur Begutachtung führen. Meine Mutter hatte das vom Fenster unserer Wohnung aus beobachtet, und es fiel ihr ein Stein vom Herzen, als ich wohlbehalten wieder zu Hause ankam.

Wie ein Lauffeuer ging es durch unser Dorf, daß in der benachbarten Kreisstadt ein Zirkus zu erwarten war. Mein Vater besuchte dann auch mit mir die »Galavorstellung«, und dabei sah und erlebte ich zum ersten Mal in meinem Leben Löwen und Tiger. Ich war davon ungeheuer beeindruckt. Es muß eine wilde Dressur gewesen sein, denn ich sehe heute noch fauchende und mit den Tatzen umsichschlagende Raubtiere vor mir, wenn ich an jenes Ereignis zurückdenke.

Dieses glückliche Leben wurde durch die Ankündigung erschüttert, daß mein Vater in Erfüllung seines sehnlichsten Wunsches eine Anstellung in der damaligen sächsischen Landeshauptstadt Dresden gefunden hatte. Der Umzug dorthin bedeutete für mich die Trennung von meinen Tieren, aber das schlimmste dabei war der Abschied von Pascha. Noch jahrelang habe ich heimlich jeden Pfennig und Groschen gespart, um den Hund eines Tages zurückkaufen zu können.

In Dresden, das ich später sehr lieben lernte, bezogen wir zunächst ein Zimmer in der vierten Etage eines großen Wohnhauses einer baumlosen Großstadtstraße. Das war ein Schock für mich. Mein Vater kaufte mir zum Trost ein kleines Terrarium, das ich mit einer Ringelnatter besetzte, doch unsere herzlose Wirtin, wir wohnten in Untermiete, durfte davon nichts erfahren, und so mußte alles ganz heimlich betrieben und unterhalten werden. Daß die Schlange einmal ausriß, war in dieser Situation ein fürchterliches Ereignis.

Einen gewissen Ausgleich für das Verlorengegangene fand ich in meinen Spielzeugtieren, die ich im benachbarten Stadtpark ins Grüne setzte. Dabei hatte ein naturgetreu nachgebildeter Tiger den Vorrang. Mittlerweile war die Zeit zu meiner Einschulung gekommen, und als mich bei der Aufnahme der Schuldirektor fragte, was ich einmal werden wolle, antwortete ich ohne Zögern: »Löwen- und Tigerbändiger«.

In dieser Zeit entdeckte ich den Dresdner Zoo als einen idealen Zufluchtsort, um meinen Kummer loszuwerden. Bald fand ich auch ein Mittel, den Zoo oft besuchen zu können: Ich fing damals reichlich vorkommende Ringelnattern, brachte sie zum Zoo und erhielt dafür immer eine Anzahl von Freikarten.

Die Artenfülle, der ich im Zoo begegnete, setzte mich in Erstaunen. Davon hatte ich in meinem Heimatort natürlich keine Ahnung haben können. Doch in der Vielfalt der Tiere des Dresdener Zoos begeisterte mich an erster Stelle ein wunderschöner Bengaltiger, der in einem Käfig des Raubtierhauses untergebracht war. Ihn besuchte ich bei jedem Zoorundgang, bei ihm verweilte ich am längsten. Als ich ihm gut gemeint einmal Wurstscheiben von meinem Frühstücksbrot in den Käfig warf, sprang er mit einem mächtigen Satz auf sein Liegebrett. Daß dies noch kein Zeichen von Zuneigung war, das spürte ich wohl. Doch ich freute mich schon darüber und war stolz darauf, immerhin eine Reaktion des Tieres auf meinen Annäherungsversuch erfahren zu haben. Wäre ich dabei vom Zoodirektor ertappt worden, sicher hätte er mir verziehen.

Wollen wir nach einem großen Zeitsprung dort fortfahren, wo aus meinem »Hobby« – wie man heute sagt – Beruf geworden ist. Ich hatte den Auftrag erhalten, in der Hafenstadt Rostock die Planung und den Aufbau eines Zoologischen Gartens zu leiten. Zu den ersten Tieranschaffungen, die ich bewirken konnte, gehörten auch Löwen, Tiger und Leoparden. Wir bauten zu ihrer Unterbringung kein massives Raubtierhaus, sondern errichteten volierenartige, in das Grün des Parkes eingefügte Käfige, an die sich eine kleine, meist hölzerne Unterkunft anschloß. Diese Behausung bewährte sich bei den akklimatisationsfähigen Arten bestens, während Bewohner des tropischen Waldes, wie der Jaguar, natürlich andere Ansprüche stellten.

Als ich einmal kontrollierte, wie die Fütterung der Löwen ablief, fiel mir auf, daß durch einen technischen Mangel eine gewisse Gefahr entstanden war. Eine Sicherheitskette, die zu verhindern hatte, daß bei der Verabreichung der Fleischportionen sich die Fütterungsklappe zu weit öffnen könnte, erfüllte ihren Zweck nicht mehr in vollem Maße.

Ich beauftragte den verantwortlichen Mitarbeiter, sofort die Behebung der entstandenen Unsicherheit zu veranlassen. Der Angesprochene war ein erfahrener Raubtierpfleger. Er teilte meine Bedenken nicht und führte deshalb die ihm erteilte Weisung nicht sogleich aus. Und da wollte es der Teufel – um eine Redensart für solche Situationen zu gebrauchen –, daß ein Mähnenlöwe auf die befürchtete Weise ins Freie gelangte. Es war an einem Sonntag im Mai, das Wetter lud zum Spaziergang ein, und das Publikum strömte in den Zoo, um dort neben den Tieren auch ein Konzert des attraktiven Orchesters der Seestreitkräfte zu erleben. Wenige Tage zuvor hatten wir zwei junge Eisbären erworben, und ich stand vor ihrem Gehege, um zu beobachten, ob das Musizieren die Neuankömmlinge etwa beunruhigte. Da kam eine Tierpflegerin auf mich zu und teilte mir mit, daß der Löwe »draußen« sei. Wir eilten gemeinsam zum Ort des Geschehens. Unterwegs sagte mir meine Mitarbeiterin, eine ausgesprochen unternehmungsfreudige, tatkräftige und in jeder Hinsicht für den Beruf talentierte junge Frau, sie müsse mir frei heraus etwas sagen. Und dann bemerkte sie schmunzelnd: »Endlich mal was los bei uns!« Als ich dann die Bescherung vor mir sah, konnte ich diese Meinung allerdings nicht unbeschwert teilen.

Von Löwen und Tigern

Zwischen Rhododendronbüschen lag unser Löwe und verzehrte seine Portion, die er aus dem Käfig mitgenommen hatte. Um den Schauplatz stand eine große Anzahl von Besuchern und beobachtete das Ereignis, als müsse es so sein. Nachdem ich einige Male tief Luft geholt und meine Gedanken gesammelt hatte, bat ich die Menge, doch ohne Hast weiterzugehen und zunächst niemandem etwas von dem Zwischenfall zu verraten. Es erscheint mir heute noch wie ein Wunder, daß meine Zuhörer dieser Aufforderung willig folgten.

»Leo«, so heißen viele männliche Zoolöwen, fraß sein Fleisch nicht ohne Unterbrechung, sondern inspizierte die Umgebung seines Freßplatzes in mehreren Rundgängen. Dabei kam er auch einigen an diesem Tage im Zoo tätigen Aufbauhelfern nahe, die den Schauplatz nach hinten abschirmten und verhüten sollten, daß arglose Besucher plötzlich vor dem Löwen stünden.

Einer von ihnen fuchtelte mit einem Ast in der Luft herum, um den Leu zur Umkehr zu bewegen. Doch als dies keinen Erfolg zeigte, erklomm der Mann eine Kiefer, die unter normalen Umständen kaum zu besteigen war.

Mittlerweile war die Kunde von dem Löwenintermezzo doch bis zum Zooeingang vorgedrungen, und ein Polizist hatte sich kurzerhand entschlossen, den Zugang zum Zoo zu sperren. Es stauten sich die Eintrittbegehrenden, und jeder Straßenbahn, die am Zooeingang hielt, entstiegen weitere Massen erwartungsvoller Zoobesucher. Da habe ich auch dort eine kurze Rede gehalten und im Menschengedränge darum gebeten, etwas Geduld zu zeigen. Ich entschloß mich dabei zu der Versicherung, daß in einer halben Stunde der harmlose Zwischenfall behoben sei und jeder seinen Zoorundgang beginnen könne.

Glücklicherweise behielt ich recht. Der besagte Tierpfleger, dem inzwischen bewußt geworden war, daß er die Schuld an dem Ereignis trug, faßte in einem günstigen Augenblick Leo an seiner Mähne und führte ihn in sein Gehege, wozu bemerkt werden muß, daß es sich um einen zwar zahmen, immerhin aber schon jungerwachsenen Löwen handelte.

Auch ein anderer Löwe wird mir immer in guter Erinnerung bleiben. Von einem Zirkus hatten wir vier Junglöwen übernommen. Einer von ihnen machte auf mich von Anfang an einen vielversprechenden Eindruck, und er erfüllte auch voll diese Erwartung. Dieser männliche Löwe zeigte, als er erwachsen war, einen stattlichen Wuchs, besaß eine tiefschwarze Mähne, die Kopf, Hals, Brust und Bauch bedeckte.

Doch in einem bereitete er uns Sorgen, er weigerte sich beharrlich, in eine Transportkiste zu gehen, wenn wir ihn in ein anderes Gehege umsetzen wollten. Da halfen weder freundliches Zureden noch Strenge. Unerklärlicherweise zeigte dieser Löwe einen unbändigen Haß auf unseren Obertierpfleger, der sich keiner Schuld ob dieser aggressiven Abneigung bewußt war. Wollten wir »Simba« bewegen, in eine Transportkiste zu laufen, dann brauchte sich besagter Tierpfleger nur am anderen Ende der Kiste hinter dem Gitterschieber zu zeigen, so sprang der Löwe wie aus der Kanone geschossen in das Behältnis.

Durch meine Berufung zum Direktor des Zoologischen Gartens Leipzig wurde ich von Amts wegen in einem besonderen Maß zuständig für Löwen und Tiger. Dieser Zoo ist ja in der ganzen Welt als Zuchtstätte für Großkatzen bekannt, und sein Raubtierhaus nennt man vielerorts in scherzhaft anerkennender Weise die »Leipziger Löwenfabrik«.

Ein Blick auf die Geschichte der Stadt zeigte, daß die Leipziger Bevölkerung schon frühzeitig Gelegenheit hatte, fremdländische Tiere kennenzulernen, denn die Messe zog häufig auch Tierschaustellungen und Wandermenagerien an. Eine Meßrechnung aus dem Jahr 1669 weist aus, daß Johann Reichert aus Mittelburg als erster mit einem Löwen in der Stadt auftrat. Werbetexte aus damaliger Zeit veranschaulichen, welches Verhältnis einst die Schausteller zu ihren Tieren hatten und wie das Publikum damals empfand und dachte. Da heißt es auf einem alten Plakat:

»Heute, Dienstag, den 23. April, Vormittags 12 Uhr wird der große Eisbär gebadet werden, wobei ihm lebendige Enten in seinen Behälter geworfen werden.

Mittwoch, 12 Uhr wird der Ichneumon einen Kampf mit einem lebendigen Hahn bestehen und ihn dann mit dem größten Appetit verzehren.

Donnerstag, Vormittags 12 Uhr werden zum erstenmale sämmtliche reißende Thiere lebendige Thiere zum Futter erhalten, wobei sich jene wilden Bestien ganz in der ihnen angebornen Grausamkeit, Pracht und Schönheit zeigen werden.«

Unter diesem Text befindet sich eine Abbildung, die einen muskelstrotzenden Artisten auf einem gezähmten Löwen darstellt.

Als Ernst Pinkert am 9. Juni 1878 seinen Zoologischen Garten gründete, nahm die späterhin so berühmt gewordene Leipziger Löwenzucht, aus der bis heute fast zweieinhalbtausend Junge hervorgegangen sind, ihren Anfang.

Am Beginn der langen Ahnenreihe der Löwen des Leipziger Zoos machte die Löwin »Bussy« von sich reden. Ernst Pinkert wollte sie aus uns unbekannt gebliebenen Gründen schon bald nachdem er sie erworben hatte, wieder verkaufen. Er fand dafür auch einen Abnehmer, der sich jedoch als zahlungsunfähig erwies und deshalb die Löwin wieder hergeben mußte. Als sich dieser Fall in fast gleichem Ablauf wiederholte, empfand Pinkert das als einen Wink des Schicksals und behielt »Bussy«, die sich dann zu einer der erfolgreichsten Mütter der Leipziger Löwenzucht entwickelte und in ihrem 14 Jahre währenden Leben 46 Junge gebar, die sie alle selbst aufzog. Als sie an einer Lungenentzündung starb, hatte sie wiederum sechs Junge im Leib.

Hier liegt es nahe, auch die Zuchtleistungen einiger anderer »prominenter Gestalten« der Leipziger Löwenzucht zu erwähnen. Die größten Erfolge brachte die Löwin »Julia«: In 17 Würfen gebar sie bis zu ihrem 18. Lebensjahr 69 Junge. Die Löwin »Durry« erzielte mit acht Jungen in einem Wurf einen Rekord, und »Ollo« erreichte mit dem Rechenwert von 4,25 die höchste durchschnittliche Anzahl pro Wurf, die sich aus 51 Jungen in zwölf Würfen ergibt. Vergessen wir bei diesem Leistungsbericht die Väter nicht! Der Leipziger Löwe »Harras« zeugte in 68 Würfen 215 Nachkommen, sein Vater »Cäsar« brachte es auf 176 Junge in 49 Würfen. Er stand noch mit $16\frac{3}{4}$ Jahren erfolgreich in der Zucht.

Die hier nur knapp angedeutete große Tradition galt es fortzusetzen. Dem stellten sich allerdings einige Hindernisse in den Weg. Gehörten früher bis zu 120 Löwen gleichzeitig zum Tierbestand des Leipziger Zoos, so mußte diese Zahl bereits vor längerer Zeit drastisch reduziert werden, ganz einfach schon deshalb, weil es heute nicht möglich wäre, die zu erwartende Zahl an Jungen loszuwerden. Gingen Leipziger Löwen als begehrtes Exportgut einst in alle Welt hinaus, mitunter sogar in Zoologische Gärten afrikanischer Länder, so züchten inzwischen die meisten Zoos die von ihnen benötigten Löwen selbst, und die Nachfrage auf dem »Weltmarkt« sieht entsprechend spärlich aus.

Da ergab sich ein Grund, die Löwenzucht mit einer bestimmten Zielstellung wieder zu forcieren. Von den in Afrika einst vertretenen Unterarten des Löwen sind der südliche Kaplöwe und der nördliche Berber- oder Atlaslöwe bereits ausgerottet worden. Eine letzte Kunde vom wildlebenden Berberlöwen stammt aus den Jahren um 1930. In der früheren Menagerie des Sultans von Marokko, dem heutigen Zoologischen Garten von Rabat, hielt sich längere Zeit ein reinblütiger Berberlöwenbestand, doch nach und nach gelangten leider auch Löwen anderer Herkunft in diese Zuchtgruppe. Ein internationales Zuchtprogramm, an dem sich bisher allerdings nur ein halbes Dutzend Zoos aus Europa und Amerika beteiligten, sieht vor, aus dem Mischlingsbestand durch Selektion den Berberlöwen wiedererstehen zu lassen. Das sei natürlich mit der Einschränkung gesagt, daß dabei lediglich ein Zuchtziel verfolgt werden kann, dessen Ergebnis ein Löwe ist, der in seinem äußeren Erscheinungsbild dem Berberlöwen gleicht und dessen Erbbild dem des Berberlöwen weitgehend ähnlich ist. Dieser Aufgabe hat sich auch der Leipziger Zoo verschrieben, und wir werden damit der unvergleichlichen Popularität gerecht, die der Löwe in unserer Stadt genießt.

Als Art ist der Löwe erfreulicherweise noch nicht akut bedroht. Anders verhält es sich leider beim Tiger. Gelegentlich einer im Jahre 1920 vorgenommenen Schätzung ergab sich, daß damals etwa 100 000 Tiger in der Wildnis lebten, heute sind es gerade noch 5 000 bis 6 000 — ein triftiger Grund für die Zoologischen Gärten, ihr Interesse und ihre Bemühungen besonders der gestreiften Großkatze zu widmen.

Männlicher Löwe, Deckfarben, 27,4 × 20,4 cm

Seit 1973 führt der Leipziger Zoo das Internationale Tigerzuchtbuch, in dem alle reinblütigen Tiger, die in einem Zoo der Erde leben, registriert werden. Er fungiert auch als internationaler Koordinator bei der Verwirklichung des Weltzuchtplanes für den Tiger. Im Leipziger Zoo kamen etwa 450 Tiger zur Welt, darunter in den letzten Jahrzehnten 300 Amurtiger. Die letztgenannte Anzahl entspricht etwa dem heutigen Gesamtbestand dieser Unterart in der Natur.

In diesem Zuchtgeschehen gab es natürlich manches bemerkenswerte Ereignis. Im Leipziger Zoo ist es seit langer Zeit üblich, die jungen Großkatzen wenn möglich schon kurz nach der Geburt in Augenschein zu nehmen. Dazu lockt der vertraute Pfleger mit Tränke oder Futter die Mutter in die Nachbarbox und bringt die Jungen in einem Körbchen aus dem Käfig. Noch bevor die Alte das Gereichte verzehrt hat, befinden sich ihre Kinder wieder im Nest. Und so wird täglich verfahren, um Störungen in der Entwicklung der Säuglinge frühzeitig zu erkennen. Diese Methode hat uns schon vor manchem Verlust bewahrt.

Als unsere Amurtigerin »Altai« zum fünften Male geworfen hatte, gelang es uns nicht sogleich, die Jungen zu isolieren. Erst am folgenden Tag ließ sich das Muttertier abtrennen. Im Dunkel der Wurfkiste bemerkte der Tierpfleger, daß die Neugeborenen auf eine ihm zunächst nicht erkennbare Weise unlösbar miteinander verbunden waren. Nachdem der lebendige Knäuel mit größer Behutsamkeit ans Licht gebracht worden war, stellte sich heraus, daß die vier Jungen durch Verwicklung ihrer Nabelschnüre sich fest miteinander verknotet hatten. Der Tierarzt nahm das Abnabeln vor und versorgte vorhandene kleine Wunden. Bei einem Tigerjungen hatte sich die Nabelschnur eines Geschwistertieres so um seinen Schwanz geschlungen, daß es zu einer Unterbindung der Blutzirkulation gekommen war und der strangulierte Teil des Schwanzes nach reichlich zwei Wochen vertrocknet abfiel. So besaßen wir einen auf seltsame Weise kupierten Tiger.

Die Tigerin »Tyrma« verstand es nicht, die Jungen ihres Erstlingswurfes selbst aufzuziehen. Wir verzichteten diesmal auf eine sonst übliche Handaufzucht durch den Tierpfleger, sondern entschlossen uns, ein Tigerjunges einer zahmen Löwin, die auch eben erst geworfen hatte, unterzulegen. Natürlich bestand dabei ein Risiko. Wir konnten dem Tigerjungen durch Einreiben mit Löwenharn zwar »Löwenduft« verschaffen, die Streifen des Fells aber ließen sich natürlich nicht beseitigen, und die Lautäußerungen waren auch nicht löwengerecht zu verändern. Doch »Oda«, so hieß die Löwin, zog das Tigerkind zusammen mit ihren eigenen drei Jungen normal auf.

Über ein Erlebnis, das mir ein Zirkusbesuch eingebracht hatte, will ich noch berichten. Bei der Vorführung einer eindrucksvollen Raubtierdressur sah ich im Rundkäfig der Manege neben echten Tigern auch zwei Mischlinge, die bei einer Löwe-Tiger-Kreuzung entstanden sein mußten. Doch ein Gespräch mit dem Dompteur brachte für mich noch ganz andere Dinge ans Tageslicht.

Im Freileben der Tiere gibt es in der Regel keine Vermischung zwischen Angehörigen verschiedener Arten. Um dem Sachunkundigen einen der Gründe dafür zu nennen, sei erklärt, daß die Geschlechtspartner in ihrem Körperbau wie in ihrem Verhalten gleich Schloß und Schlüssel zueinander passen müssen, wenn es zu einer Paarung kommen soll. Wachsen im Zoo oder Zirkus fremdartige Tiere von klein an und in enger Gemeinschaft auf, dann können einmal Schranken fallen und Kreuzungen zustandekommen.

In unserem Fall hatte sich folgendes ereignet: Das Dompteurehepaar Christiane und Erhard Samel befand sich mit einer gemischten Raubtiergruppe auf Gastspielreise. Zu den Tieren gehörten u.a. auch ein Tigerpaar und ein männlicher Löwe. Als die Tigerin brünftig war, wurde sie vom Tigerkater gedeckt, doch in einem dafür günstigen Augenblick machte von dem Liebesangebot auch der Löwe Gebrauch. Das Ergebnis war, daß der gezeugte Vierlingswurf Junge von zwei Vätern enthielt. Zwei der Kinder waren echte Tiger, die beiden anderen »Liger«, also Mischlinge zwischen Tiger und Löwe. Diese Kreuzungsprodukte fallen durch Größe und Massigkeit auf, Kater tragen einen schwach ausgebildeten Backenbart und eine angedeutete Nackenmähne. Die Grundfärbung ist löwenartig, die Tigerstreifung schwach vorhanden; Körperunterseite und Innenseiten der Gliedmaßen sehen auffällig weiß aus.

Schließen wir mit einer Geschichte, die in die Zeit meiner ersten Berührung mit den Leipziger Großkatzen zurückgeht. Eigentlich sind es zwei Geschichten, doch sie sind sich so ähnlich, daß man sie auch zusammen erzählen kann.

Nach Mitternacht weckte mich ein Polizeiruf, der mich davon unterrichtete, daß ein großer Mähnenlöwe durch die nächtlichen Straßen der Stadt spaziere. Ein anderes Mal sollte ein Tiger auf einem der Leipziger Güterbahnhöfe gesichtet worden sein. In beiden Fällen mußte ich im finsteren Zoo »meine« Großkatzen auf Vollständigkeit überprüfen, was sich als gar nicht so einfach zeigte, aber mit positivem Ergebnis endete. Der vermeintliche Löwe erwies sich als ein gewaltiger Bernhardiner, der eine späte Runde im Wohnviertel seines Besitzers unternahm. Jemand hatte im Lichtschatten der Straßenbäume die zottige Gestalt des großen Hundes für einen Löwen gehalten und daraufhin die Polizei alarmiert. Und die mußte natürlich im Interesse der öffentlichen Sicherheit die Meldung ernst nehmen.

Der Fall mit dem Tiger hatte für noch mehr Aufregung gesorgt. Als ich zum Güterbahnhof gebracht worden war, suchte die Polizei mit Hunden das Gleisgelände und die Lagerschuppen nach dem Tiger ab. Auf meine Frage, was denn auf die gemeldete Anwesenheit eines Tigers hatte schließen lassen, zeigte man mir im weichen Erdboden den vermeintlichen Abdruck einer Tigertatze, was sich aber auf den ersten Blick als Trittsiegel eines Hundes identifizieren ließ. Ein Polizeihund mußte Probetreten, dann glaubte man mir diese Diagnose. Ein Nachtwächter wollte den Tiger selbst gesehen haben, im Gespräch stellte es sich jedoch heraus, das wiederum ein Hund für eine gefährliche Großkatze gehalten worden war. Das gleißend helle Licht der Bahnhofslampen hatte Schatten von Seilen und Drähten auf das Fell des Hundes geworfen und ihn in der Fantasie des Wächters zu einem Tiger werden lassen.

Für den Tiergärtner ist sein Verhältnis zu den Tieren verwoben mit ständig wechselnden, bald ernsten, bald heiteren Ereignissen. Ein »auf du und du« ist dabei stets gefragt und wird immer wieder auf die Probe gestellt. Stets geht es ihm darum, mit Tieren den Menschen Freude zu bereiten und Einsichten zu vermitteln, dabei Köpfe und Herzen der Menschen für die Erhaltung der lebendigen Natur aufzuschließen und durch Forschung wissenschaftlich fundierte Lösungen für ein gedeihliches und dauerhaftes Nebeneinander von Menschen und Tieren zu finden. Dies sind Gebote, mit deren Befolgung der Tiergärtner zu einer Brüderschaft, zu einem »auf du und du« zwischen Menschen und Tieren beitragen kann. Daß damit nicht einer Illusion paradiesischer Verhältnisse das Wort geredet, sondern realistischen Zielstellungen nachgegangen werden soll, sei der Vollständigkeit halber erwähnt. Albert Schweitzer hat den Menschen gedient in einem Maße und in einer Weise, wie es in der gesamten Welt als vorbildlich gewertet wird. In seine praktizierte Menschlichkeit hat er auch die Sorge um das Wohl der Tiere einbezogen.

Afrikanische Elefanten, Deckfarben, 36,6 × 55,4 cm

Afrikanischer Elefant, Deckfarbenskizze, 26,8 × 15,9 cm

Afrikanischer Elefant, Deckfarbe und Kreide, 23,9 × 32,4 cm

PETER WEILENMANN

ZÜRICH

Von Elefantengeburten

Wenn das Sprichwort »Je mehr ich davon weiß, umso mehr muß ich erkennen, daß ich nichts weiß« für eine Tierart zutrifft, dann sicherlich für den Elefanten. Dies ist eine Erkenntnis, die umso erstaunlicher ist, als doch die Elefanten zu den »Muß-Tieren« jedes größeren Zoologischen Gartens oder Zirkusunternehmens gehören. Verständlicher wäre es, wenn diese sympathischen Riesen, deren Bullen ein Gewicht von 7000 kg und die Kühe ein solches von 4000 kg erreichen können, sich ihrer Kraft mehr bewußt und der vertraute Umgang mit ihnen nicht möglich wäre.

Ein verständnisvoller Tierpfleger oder Dompteur ist aber in der Lage, zu seinen Schützlingen ein Vertrauensverhältnis aufzubauen, wie es zu anderen Zootieren kaum möglich ist und die Zurufe in einem für den Laien kaum verständlichen Sprachgemisch, das aus mehr als 20 Kommandos besteht, werden von den Elefanten in der Regel richtig verstanden und willig ausgeführt.

Heute kämpfen die Elefanten, von denen die Zoologen zwei Gattungen mit je einer Art, den Afrikanischen (Loxodonta africana) und den Asiatischen (Elephas maximus) und verschiedene Unterarten unterscheiden, um ihr Überleben. Die Jagd nach dem kostbaren Elfenbein, vielmehr aber noch die Einengung ihres natürlichen Lebensraumes, sind Faktoren, die für die langsame aber stetige Abnahme der Gesamtpopulation die Hauptverantwortung tragen. Ohnmächtig stehen wir dieser Entwicklung gegenüber – Experten und Sachverständige versuchen mit wohlgemeinten Ratschlägen dem drohenden Untergang des mächtigsten und größten noch lebenden Landsäugetieres Einhalt zu gebieten. Aber – Hand aufs Herz – was haben wir Europäer zum Schutze unserer eigenen Fauna getan? Dem Bär, Wolf, Luchs, Fischotter und einer Unzahl von Vögeln, Reptilien und Insektenarten, um nur einige zu nennen, wurden die Bedingungen zum Überleben entzogen, oder sie wurden z. T. unter fadenscheinigsten Vorwänden ausgerottet. Für den Schutz der Elefanten braucht es erheblich mehr als gutgemeinte Ratschläge an die Adresse der afrikanischen und asiatischen Völker – es braucht eine wirksame, auch finanzielle Mithilfe bei der Schaffung großer Reservate, die heute allein eine gewisse Garantie für das Weiterbestehen einer gesunden Elefantenpopulation bieten können. Alles am Elefanten sprengt die Grenzen des Üblichen – so auch die Dauer der Trächtigkeit, die mit 21 bis 24 Monaten angegeben wird. Schon diese Tatsache weist darauf hin, daß sich ein dezimierter Elefantenbestand nur sehr langsam erholen kann. Im Freien erreicht eine Elefantenkuh ein Alter von 35 bis 40 Jahren, d.h. sie wird, wenn sie mit 10 Jahren zum ersten Mal gedeckt wird und im besten Fall alle 4 Jahre ein Junges zur Welt bringt, 6 bis 7 Kinder gebären. Davon erreichen nach Freilandbeobachtungen ungefähr die Hälfte das adulte Alter; wenn wir noch in Betracht ziehen, daß gleich viele Bullen wie Kühe geboren werden, so können wir die Besorgnis um den Weiterbestand der Elefanten verstehen.

Doch nun zurück zu den Zoologischen Gärten, die ja in vielen Fällen zum letzten Hort bedrohter Tierarten geworden sind. Die meisten europäischen Tiergärten können den Elefanten keine dem natürlichen Lebensraum entsprechenden klimatischen Bedingungen anbieten, d. h. sie haben lange, kalte Winter und eine relativ kurze Sommersaison. Das trifft besonders für den Züricher Zoo zu, der 650 m über dem Meeresspiegel gelegen ist. Mit viel gutem Willen, aber, wie das für Zoos typisch ist, wenig finanziellen Mitteln, wurde 1929 in Zürich ein Tiergarten geschaffen, der, um attraktiv zu sein, auch Elefanten halten mußte. Ein enger, für die Tierpfleger nicht ungefährlicher Innenstall, gut beheizbar, und ein kleines Außengehege bildeten die sogenannte Elefanten-Anlage. Elefanten sind ausgesprochene Persönlichkeiten, und der Züricher Zoo hatte das große Glück, mit seiner ersten Elefantenkuh »Mandjulla« ein Tier von seltener Ausgeglichenheit und Zuverlässigkeit zu halten.

Für den Zootierarzt sind Elefanten echte Problemtiere. Ein entscheidender Fortschritt wurde allerdings mit der Entwicklung eines zuverlässigen Narkosemittels erreicht, das heute doch in vielen Fällen zur Ruhigstellung des Patienten und somit zur Abklärung krankhafter Zustände beigezogen werden kann. Nur ungern erinnere ich mich an den Abend, als ich zum ersten Mal zu »Mandjulla« gerufen wurde. Da steht man dann vor dreieinhalb Tonnen Elefant mit dem »tröstlichen« Hinweis des Elefantenpflegers, daß das Tier, wenn es unter starken Schmerzen leide, nicht sonderlich umgänglich sei. Die Sammeldiagnose des Wärters, Bauchschmerzen, konnte ich bestätigen. Traurig ließ sie den Rüssel hängen – allerdings nur so lange, bis ich die gespannte Bauchdecke abtasten wollte. Selbstverständlich wollte ich wissen, was sich in diesem riesigen, stark geblähten Bauch abspielte. Noch heute sehe ich das berühmte »Lächeln auf den Stockzähnen« des Tierpflegers, als ich die Ärmel aufkrempelte und mich zu einer Rektaluntersuchung bereitmachte. Nur ungern ließ sich das Tier diese Manipulation gefallen, und mühsam entfernte ich Kotballen um Kotballen aus dem riesigen Enddarm. Elefanten gelten zu Unrecht als gemächliche oder gar langsame Tiere. Das wurde mir damals zum ersten Mal so richtig bewußt, wenn sich »Mandjulla« immer, im für mich kritischsten Moment, blitzschnell niederlegte. Noch selten habe ich mich über so viel schlecht riechende Luft gefreut, die mir plötzlich entgegenströmte, wie damals. Das mechanische Freimachen des Enddarmes sowie die manuelle Reizung der Schleimhaut hatten eine sehr positive Wirkung auf die Darmtätigkeit – spontan entleerten sich riesige Kotmengen, und der Elefant fühlte sich nach kurzer Zeit sichtlich besser. Noch mehr Erleichterung verspürte aber der Tierarzt, und sogar der Elefantenpfleger gratulierte mir zum »sichtbaren« Erfolg.

Ein Unikum in der Zootierhaltung ist das oft kritisierte Anketten der Tiere an ihren angestammten Platz. Selbstverständlich ist diese unnatürliche Manipulation, die stark an die Haltung von Haustieren erinnert, in der traditionellen Elefantenhaltung verankert. Die modernere, vom Standpunkt des Tieres aus sicherlich natürlichere Auffassung, den Tieren auch im Innengehege ihren Freilauf zu lassen, müßte zu einem völligen Umdenken in der Konzipierung der Elefantenhäuser führen. Persönlich und aus der Sicht des Tierarztes glaube ich, daß die mit dem Anketten verbundene Grunddressur, die ja vom Elefanten ohne jeden Widerstand hingenommen wird, mehr positive als negative Auswirkungen hat.

Nicht immer ist es ein Notfall, wenn beim Tierarzt mitten in der Nacht das Telefon läutet; es kann sich auch einfach eine verspätete Tischrunde melden, die unbedingt wissen will, ob Schlangen tatsächlich 30 Meter lang werden können.

Einen Anruf aber, der mich in einer kalten Februarnacht im Jahre 1963 erreichte, werde ich wohl nie vergessen. »Jo, do isch Heediger, s'goht los«, – mit diesen Worten weckte mich unser damaliger Chef, der Züricher Zoodirektor Prof. Dr. Heini Hediger aus dem tiefsten Schlaf – und ich brauchte einige Zeit, bis ich begriff, was los ging. Los ging eines meiner eindrücklichsten Erlebnisse, die ich bisher mit Elefanten hatte, die Geburt eines Jungtieres. Die Leitung des Zirkus Knie in Rapperswil, ein Unternehmen mit einer langjährigen Erfahrung in der Elefantenhaltung, lud uns zu diesem seltenen Ereignis ein. Morgens um 3 Uhr kamen wir fröstelnd im großen Überwinterungsraum des Zirkusunternehmens an. Die vollzählige Zirkusfamilie und einige Helfer standen herum – die ganze Szene wirkte unwirklich, es wurde flüsternd gesprochen, um die werdende Mutter nicht zu stören, dazwischen war das Rasseln der Ketten der übrigen Tiere zu hören, die ob der ungewohnten Nachtruhestörung nervöser als üblich wirkten, und im Mittelpunkt stand das Muttertier, das die ersten Wehen mit leisem Stöhnen begleitete. Hinlegen, Aufstehen, Kopf gegen die Wand drücken, dazwischen kurze Ruhepausen – so ging es bis in den frühen Morgen hinein. In der Zwischenzeit traf auch der damalige Basler Zoodirektor, Prof. Dr. E. Lang, der den Zirkus seit langem tierärztlich betreute, in Rapperswil ein, so daß ein stattliches Gremium an Fachleuten beisammen war, was aber die Geburt, die sich sichtlich unnatürlich in die Länge zog, auch nicht förderte. Rat- und auch weitgehend hilflos standen wir bei dem sichtlich erschöpften Muttertier. Für mich ging ich all die Möglichkeiten durch, die wir bei einem »normalen Zootier« hätten. Abklärung der Lage des Jungen, auch ein Röntgenbild, manuelle Geburtshilfe oder Narkose und Kaiserschnitt. Letztere Möglichkeit wurde allen Ernstes diskutiert und auch die Ambulatorische Klinik des Tierspitals Zürich angefordert. In der Zwischenzeit war aber die Geburt soweit gediehen, daß am späten Vormittag, an dem inzwischen sedierten Tier, Geburtshilfe geleistet werden konnte. Durch einen Dammschnitt wurden die engen Geburtswege erweitert, die beiden Vorderfüße des Jungen konnten mit Geburtsstricken fixiert werden, und am frühen Nachmittag zogen wir den noch lebenden Foet heraus. Es war ein strammer Bursche, der 135 kg auf die Waage brachte. Alle waren in Hochstimmung – Schulterklopfen, Gratulieren – und menschlich, allzu menschlich, jeder war davon überzeugt, daß er den entscheidenden Schritt getan hatte. Ein Schatten blieb allerdings zurück, das Muttertier erholte sich nicht mehr und starb Wochen später. Solche Erlebnisse bleiben haften und schaffen ganz neue Beziehungen zu einer Tierart, die, gerade weil sie von einer faszinierenden Fremdheit ist, dauernd gegenwärtig bleiben.

Mein Vorgänger als Zoodirektor, Prof. Dr. H. Hediger, war sich immer der Unzulänglichkeit unserer Elefantenhaltung bewußt. Elefanten sind soziale Tiere und sollten in Gruppen gehalten werden, und die Stallungen sollten so gebaut werden, daß sie auch den Tierpflegern ein Arbeiten ohne Risiko erlauben. Zum 40jährigen Züricher Zoojubiläum bewilligten unsere Subventionsgeber die Mittel für ein neues Elefantenhaus, das 1972 eröffnet werden konnte. Es war schwer, den Tieren begreiflich zu machen, daß sie ihren alten Stall für immer verlassen mußten und ein neues, schönes Haus beziehen durften.

An Hinter- und Vorderbeinen fixiert, begleitet vom Tierarzt mit Beruhigungsspritze, wurde am frühen Morgen der Umzug bewerkstelligt. Alles verlief gut, wenn auch die Tiere immer wieder versuchten, in ihren alten Stall zurückzukehren.

Das neue, schöne Haus hatte nur einen, aber entscheidenden Fehler. Die Mittel reichten nicht aus für einen sogenannten Bullenstall – und damit schienen alle Hoffnungen auf eine Elefantenzucht im Züricher Zoo für immer geschwunden zu sein.

Am 1. Januar 1974 durfte ich den Züricher Zoo als Direktor übernehmen. Damals standen vier Elefantenkühe im Alter von 7, 8 und 33 Jahren im Elefantenhaus, wovon die älteste bereits Anzeichen einer frühzeitigen Vergreisung aufwies. Fußbeschwerden, schlecht heilende eitrige Wunden und zum Schluß auch Kaubeschwerden machten dem Tierarzt zu schaffen, und wir beschlossen, das Tier in Vollnarkose zu legen und einer gründlichen Untersuchung zu unterziehen.

Was für alles andere gilt, gilt ebenfalls für die Zähne des Elefanten; auch sie haben ihre Besonderheiten, ganz abgesehen davon, daß anstelle der oberen Schneidezähne gewaltige Stoßzähne wachsen können. Bei den Afrikanern sind sowohl die Kühe wie auch die Bullen Stoßzahnträger, bei den Asiaten, wie wir sie im Zoo Zürich halten, sind sie bei den Weibchen nur rudimentär vorhanden und auch bei den männlichen Tieren nicht bei allen Exemplaren.

Kompliziert sind auch die Verhältnisse bei den Backenzähnen. Pro Kieferhälfte ist im Ober- und Unterkiefer immer nur je ein Zahn vorhanden, der sechs Mal gewechselt wird. Das Heranwachsen des neuen Zahnes, der immer stärker und gewaltiger ist als der abgenützte, geschieht nicht von unten, sondern von hinten, so daß der verbrauchte Zahn nach vorn geschoben wird, wo er in den vorgebildeten Lamellen abbricht.

Unsere frühzeitige Greisin »Valaya« zeigte bei der Inspektion der Maulhöhle einen alarmierenden Befund, der sich zuerst in einem ausgesprochen unangenehmen Mundgeruch äußerte. Die letzte Zahngeneration hatte sich nur vorn abgenützt – am hinteren Zahnteil hatten sich Spitzen gebildet, die den gegenüberliegenden Kieferast erheblich verletzten. Unter den spitzen Fortsätzen war faulendes Futter eingelagert.

Dank den modernen Narkosemitteln, die für Elefanten entwickelt wurden und die es auch erlauben, durch ein Gegenmittel die Narkose fast augenblick-

Afrikanischer Elefant, Kreidestudie, 24,8 × 21,9 cm

lich aufzuheben, war es möglich, dem Tier zu helfen. Das klingt alles so einfach, dabei müssen so viele Eventualitäten, die eintreten können, eingeplant werden. Die drei Tonnen Elefant müssen so liegen, daß ein sinnvolles Arbeiten am Tier gewährleistet ist; um Frakturen zu vermeiden, sollte es nicht einfach hinstürzen, es sollte auf der richtigen Seite liegen usw.

Da es sich nicht um einen notfallmäßig ausgeführten Eingriff handelte, konnten unsere Tierpfleger, an ihrer Spitze der Elefantenmann Ruedi Tanner, mit Ruhe und Überlegung alle notwendigen Vorbereitungen treffen. Die Studenten der Veterinärmedizinischen Fakultät der Universität Zürich wurden eingeladen, dem Ereignis beizuwohnen, denn jeder Tierarzt kann einmal in seiner Praxis

z. B. in einem Zirkusunternehmen vor die gleiche Situation gestellt werden.

Zwei Milliliter des Narkosemittels wurden injiziert, und der »count down« lief. Waren es die sorgfältigen Vorbereitungen oder »beginner's luck«? Das Tier ging nach etwa zehn Minuten wunschgemäß zu Boden und konnte mittels des bereitgehaltenen Flaschenzuges auch in die richtige Lage gebracht werden.

Vergessen Sie die feinen und raffinierten Instrumente, die dem Zahnarzt heute zur Verfügung stehen. An ihre Stelle traten Hammer, Meißel und große Feilen. Es gelang, die vier Spitzen zu entfernen, allfällige scharfe Kanten, die zu Verletzungen führen konnten, zu entschärfen, und nach zwei Stunden Zahnarzt konnte das Narkose-Gegenmittel verabreicht werden. Drei Stunden nach dem Eingriff nahm Valaya wieder Futter zu sich – als ob nichts geschehen wäre.

Beinahe jeder Zoo hält Elefanten – Elefantengeburten aber gehören immer noch zu den seltenen Ereignissen. Woran liegt das? Die artgerechte Unterbringung ist eine kostspielige Sache, auch wenn Elefantenkühe gut gehalten recht umgängliche Kolosse sind. Bei den Bullen sieht die Sache schon etwas anders aus. Neben ihrer Kraft und Masse sind sie im Umgang schwieriger und auch unberechenbarer. Dazu kommt noch die Zeit der sog. »Musth«, äußerlich sichtbar durch das Fließen der Backendrüse, die sich zwischen Ohrrand und äußerem Augenwinkel befindet. Dieser noch weitgehend unerforschte Zustand, der sich auch bei Kühen, nur weniger intensiv, einstellen kann, macht selbst einen noch so vertrauten Bullen zu einem unberechenbaren, für den Menschen außerordentlich gefährlichen Zootier. Leider kommen immer wieder selbst tödlich verlaufende Unfälle vor.

Elefantenbullen gelten als ausgesprochene »Einmann-Tiere«, die sich dem Tierpfleger viel weniger unterwerfen als die Kühe, und es muß zum Schutz des Menschen wie aber auch des Bullen gefordert werden, daß eine gute Haltung ohne direkten Mensch-Tier-Kontakt geschaffen wird. Der Schutz des Menschen ist sicherlich einleuchtend.

Hat sich ein tödlicher Vorfall ereignet, wird das Tier, auch wenn es nur einer augenblicklichen Stimmung gefolgt ist, als »Killer« eingestuft und in den meisten Fällen zu Unrecht getötet – dabei liegt der Fehler oft mehr beim Menschen. So bleibt wohl der unbefriedigende Zustand, daß aus finanziellen Gründen viel zu wenig Bullen gehalten werden können. Die künstliche Besamung als Alternative gelang bisher noch nicht, obwohl auch in dieser Richtung gearbeitet wird.

Die größte Erfahrung in der Elefantenzucht haben in Europa die Zoologischen Gärten von Hannover und Kopenhagen. Wieso eigentlich nicht Elefantenkühe in anderen Zoos, die in der Bullenhaltung die nötige Erfahrung besitzen, einstellen? Dieser Gedanke beschäftigte mich seit 1974 – dazu kam aber auch das Drängen unseres Chef-Elefantenpflegers. Die ersten Fühler wurden ausgestreckt, denn es war bekannt, daß im Zoo von Kopenhagen ein potenter Asiate namens »Chenmai« stand. Als dann die Direktion von Kopenhagen uns einlud, eine Kuh einzustellen, nahm das beschwerliche Projekt plötzlich konkrete Formen an. Im Gegensatz zu Zirkuselefanten, die gezwungenermaßen ständig auf Reisen sind, ist der Transport eines erwachsenen Zoo-Elefanten nach wie vor ein risikoreiches Unternehmen. Die Möglichkeit, einem Güterzug einen Elefantenwagen anzuhängen, bedeutete gleichzeitig eine erhebliche Verlängerung der Reise.

Den Autotransport mit dem Vorteil einer erheblichen Zeitersparnis lehnte ich von Anfang an als zu gefährlich ab. Nun, was hieß das praktisch für uns. Zuerst ein eineinhalbstündiger Fußmarsch durch z. T. verkehrsreiche Straßen hin zum Bahnhof; dasselbe aber auch wieder in Kopenhagen, vom Ankunftsbahnhof bis zum Zoo. Dazwischen lagen 2½ bis 3 Tage Transport im Güterwagen, eine große psychische Belastung für ein transportungewohntes Tier. Ich sammelte alles Erreichbare über Elefantentransporte – und es war nicht nur Erfreuliches.

Am 20.5.1975 war es dann so weit. Die gut vorbereitete Elefanten-Dame »Thaia«, die seit längerer Zeit auf das Marschieren angekettet an einem Lastwagen trainiert worden war, verließ morgens um 5 Uhr den Zoo. Ohne Zwischenfall, begleitet von Zoomitarbeitern und den erstaunten Blicken von Frühaufstehern langten wir um 7 Uhr im Güterbahnhof an. Schon im Zoo hatte sie gelernt, durch eine Öffnung, die der Güterwagentür entsprach, hindurchzugehen – und sich entsprechend zu bükken. Ohne Schwierigkeiten ließ sie sich daher in den dunkeln Güterwagen führen, wo sie wie im Innenraum des Elefantenhauses angekettet wurde. Die erste große Klippe war umgangen. Zu dritt, zwei mit dem Tier vertraute Elefantenpfleger und ich in der Funktion als Tierarzt, begleiteten wir das Tier im selben Güterwagen auf seiner langen, für alle Beteiligten ereignisvollen Hochzeitsreise. Die anfängliche Aufregung und Angst des Tieres, die wir durch Zureden und Anbieten von Leckerbissen zu mildern suchten, legten sich allmählich, und am zweiten Tag versuchte es, wenn auch stehend, für kurze Zeit zu schlafen. Am 22.5.1975 um 4.30 h trafen wir, übernächtigt, aber glücklich, den Bahntransport ohne nennenswerte Zwischenfälle hinter uns gebracht zu haben, in Kopenhagen ein. Thaia ließ sich wieder hinter den bereitgestellten Lastwagen ketten, und so trotteten wir durch das morgendliche Kopenhagen dem Zoo entgegen. Große Aufregung im Elefantenhaus; die »Neue« wurde aber rasch von der ganzen Gruppe und – was besonders wichtig war – vom Bullen akzeptiert, und sie genoß ihre Flitterwochen, die immerhin 1½ Jahre dauerten, ausgiebig.

Die Rückreise wurde nach den gemachten Erfahrungen viel leichter genommen, und auch Thaia war auf der ganzen Reise entspannter. Sie nahm normal Flüssigkeit und Nahrung zu sich und war zu allerlei Neckereien aufgelegt, was vor allem meiner Fotoausrüstung nicht gut bekam. Während sie auf der 2½tägigen Hinfahrt mehr als 250 kg Masse verloren hatte, spielte sie auf der Rückfahrt die reisegewohnte Weltenbummlerin. Große Freude herrschte bei ihrer Rückkehr im Züricher Zoo, wo sie mit »Elefantentrompetenstößen« empfangen wurde.

Nun begann die lange Wartezeit voller Hoffnung, denn schließlich sollte aus der teuren Expedition ein junger Elefant resultieren. Blut- und Harnuntersuchungen ergaben kein eindeutiges Resultat. Als die Hoffnungen langsam aber sicher schwanden, rüsteten wir uns zur zweiten Kopenhagener Expedition. Wieder blieb Thaia 2½ Jahre im befreundeten Zoo, wiederum gingen Hin- und Rückreise problemlos – und wieder blieb ein Erfolg aus. Viel wurde diskutiert, Verbesserungsvorschläge erwogen – aber eines war sicher, aufgeben würden wir nicht.

Nun kam plötzlich und unerwartet Hilfe von einer anderen Seite. Ein Züricher Bürger, dessen Herz den Elefanten gehört und der schon zu verschiedenen Malen kulturelle Institutionen mit namhaften Beiträgen unterstützt hatte, konnte einen runden Geburtstag feiern. Seine Gemahlin, die von unseren Problemen wußte, die aber auch das Interesse ihres Mannes an allem, was mit Elefanten zusammenhing, kannte, nahm mit uns Fühlung auf. Sie wollte uns einen Elefanten, am liebsten einen Bullen, im Namen ihres Mannes schenken. Mein Einwand, zuerst ein sicherer Bullenstall, dann ein Bulle, ließ sie nicht mehr los. Familienrat wurde gehalten, und um es kurz zu machen, am 19. September 1981 wurde anläßlich des Geburtstages der in der Zwischenzeit erbaute Bullenstall dem Züricher Zoo übergeben. Damit ging dank der Großzügigkeit einer Züricher Familie mein Wunschtraum in Erfüllung. Daß bei der Eröffnung des Bullenstalles auch gleichzeitig ein stattlicher 12jähriger asiatischer Bulle, der uns ebenfalls geschenkt wurde, vorhanden war, ist eine Geschichte für sich. Und daß die Geschichte weiter geht, beweist die am 27. Juli 1984 erfolgte Geburt von »Komali«, dem ersten im Züricher Zoo geborenen Elefanten-Baby.

Panzernashorn, Kreideskizze, 20,9 × 20,9 cm / Nashornskizze, Graphit und Deckweiß, 16,3 × 18,7 cm

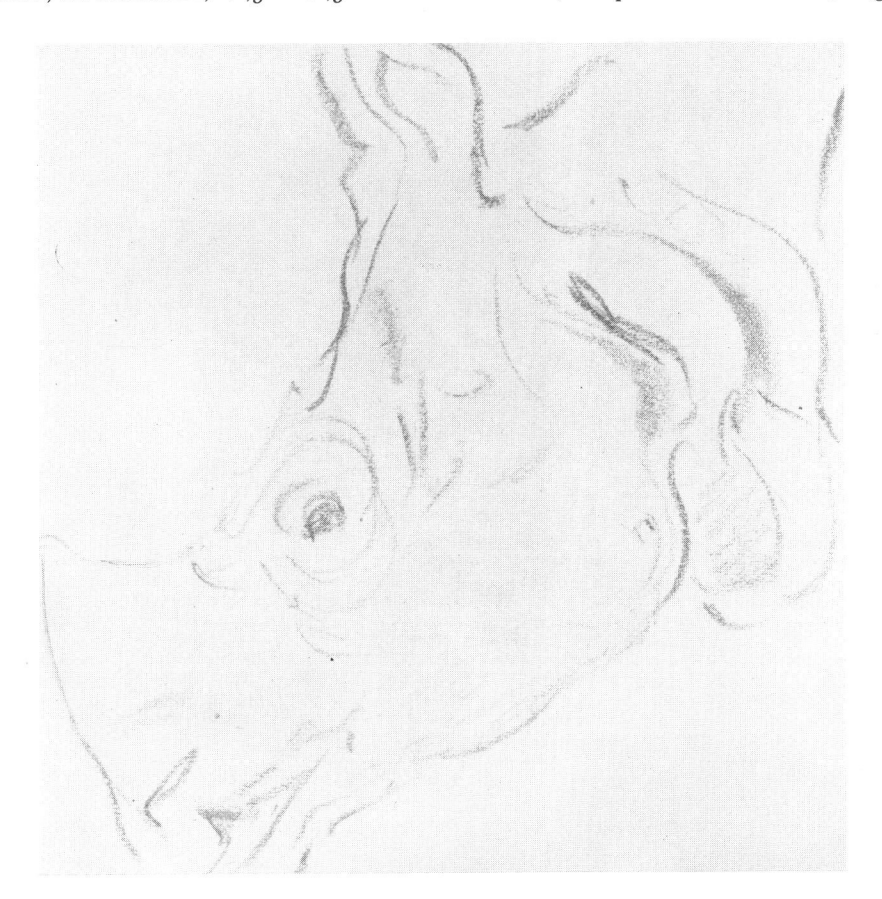

Junges Panzernashorn, Deckfarbe und Kreide, 21,5 × 27 cm

Ernst M. Lang

Sempach, ehemals Basel

Zur Hochzeit der Nashörner

Es würde mich nicht wundern, wenn wir im Jahre 2000 auf unserer Erde keine Nashörner mehr hätten. Schon im letzten Jahrhundert hat die Vernichtung angefangen. Es galt bei den Kolonialmächten als sportlich, möglichst viele Nashörner getötet zu haben. Schon damals wurde das Horn jeweils abgetrennt und in den Handel gebracht, weil es als Aphrodisiacum galt, als Brunstmittel für Mensch und Tier. Und das wurde zum eigentlichen Grund, daß Nashörner auf der ganzen Welt verfolgt wurden. Nicht nur in regulärer Jagd wurden möglichst viele erlegt. Vor allem die Wilderer machten sich dahinter, und in unserer Zeit wurden die Bestände überall so dezimiert, daß die Ausrottung nahesteht. In den letzten fünf Jahren wurden z. B. die Bestände des afrikanischen Spitzmaulnashorns um mehr als 95% reduziert, weil der Preis für das Nasenhorn außerordentlich gestiegen war (100 gr = 1000 $). Und der Grund? In einem arabischen Land ist es Mode geworden, daß der Dolchgriff für die jungen Männer aus Nasenhorn sein muß, damit »gilt man etwas«. Da die Leute dort über sehr viel Geld verfügen, bezahlen sie jeden Preis für das begehrte Material. Dieser Vorliebe für Dolchgriffe aus Nasenhorn allein verdanken wir die Vernichtung unzähliger afrikanischer Nashörner. Ein Land hat 98% seiner Nashörner durch Wilderer verloren. Das Breitmaulnashorn − einst in beachtlichen Beständen in der Gegend des oberen Nils vorhanden − ist hier verschwunden. Und die Vernichtung geht weiter, trotz aller Proteste und trotz der Bildung von Kampfeinheiten zur Wildererbekämpfung.

Als ich 1978 im Massai-Mara-Nationalpark die dort sorgsam gehüteten Breitmaulnashörner besuchte, fehlten die beiden Alttiere, von denen eine ganze Gruppe Jungtiere abstammten. Eine Wildererbande, mit Maschinengewehren bewaffnet, hatte vor einigen Monaten die Wildhüter überfallen und vor deren Augen das alte Paar geschlachtet. Mit den abgeschlagenen Hörnern verschwanden sie, zwei sich in desolatem Zustand befindliche Wildhüter zurücklassend. Die vier Hörner konnten bei einem Zwischenhändler gefunden und konfisziert werden. Der Mann wurde eingesperrt und mußte eine gewaltige Buße bezahlen. (Er hat wohl nie mehr mit Nashornhandel etwas zu tun haben wollen.) Aber das Wildern und Töten geht weiter − auf der ganzen Welt −, und solange der Aberglauben über die Wunderwirkung des Nasenhorns, pulverisiert als Potenz fördernd und jetzt auch als Material für Dolchgriffe, nicht ausgerottet werden kann, haben die Nashörner keine Chance, man bringt sie um, bis es keine mehr gibt.

Meine erste eindrückliche Beobachtung eines Spitzmaulnashorns erfolgte in Berlin, im Jahre 1935, wo ich den dortigen Zoo besuchte. Als ich durch den prächtigen Park bummelte, hörte man von weitem einen tiefen, brummenden Ton, den ich mir nicht erklären konnte. Als ich mich dem Nashorngehege näherte, stand dort ein mächtiger Bulle, der mit seinem Horn an einem senkrecht stehenden Baumstamm bedächtig auf und ab rieb und dadurch eine eindrückliche Vibration erzeugte, die weit herum zu hören war. Ich war beeindruckt von der musikalischen Begabung dieses Tieres, das damals noch als große Seltenheit in Zoologischen Gärten bewundert wurde. Dies war übrigens noch eines der Nashörner, das in Ostafrika gefangen und in gartenneigener Expedition nach Berlin gebracht worden war. Das erste Panzernashorn, das ich beobachten konnte, war die berühmte »Nepali«, die den Krieg überlebt hatte und 1949 noch in Stellingen, Hamburg lebte. Mit ihrer Nachfolgerin Nepali II hatten wir manch eindrückliches Erlebnis, denn sie kam zweimal nach Basel, um gedeckt zu werden. Beide Male mit Erfolg übrigens, doch davon später.

Eine etwas aufregende Episode erlebten wir mit einem Spitzmaulnashorn im Manjarapark, Tansania, im Jahr 1959. Wir waren auf Safari und beobachteten das damals noch sehr zahlreiche Wild. Plötzlich kam aus einer Buschzone ein etwa dreiviertel erwachsenes Nashorn gerannt. Es lief schnaubend und prustend auf unsern Landrover zu. Der Fahrer gab Gas, das Nashorn rannte aber hinter uns her, erreichte den Wagen und hob ihn im Rennen zwei-dreimal mit seinem Horn von hinten etwas in die Höhe. Jedesmal drehten die Räder natürlich in rasenden Touren, wenn sie frei in der Luft schwebten, und das bewirkte wohl, daß das Tier uns laufen ließ. Es stellte sich quer zum Weg und rannte entschlossen in den Busch. Die ganze Episode hatte keine drei Minuten gedauert, aber wir waren alle doch sehr erschrocken, aber froh, daß alles so glimpflich abgelaufen war. Die Spuren am Chassis des Landrovers waren deutlich.

Ein eher trauriges Erleben war der Kontakt mit dem Sumatranashorn »Bettina«, das im Juli 1959 in einem Charterflugzeug nach Basel kam. Es hatte eine merkwürdige Vorgeschichte: Ein Tierhändler hatte uns im Frühling dieses Jahres ein Paar Sumatranashörner angeboten, allerdings gegen Vorausbezahlung einer ansehnlichen Summe. Die Gelegenheit schien uns einzigartig, denn seit Jahrzehnten waren keine Sumatranashörner in Menschenhand gelangt, und die Erfahrungen, die wir mit Panzernashörnern gemacht hatten, die übrigens derselbe Tierhändler vermittelt hatte, waren so ermunternd, daß wir es wagten, das Geld vorzuschießen. Der Tierhändler wollte eine Expedition nach Malaysia unternehmen und wies diverse Publikationen vor, nach denen es nicht allzu schwer sein durfte, dort Sumatranashörner zu beschaffen. Kurz nach seiner Abreise bekamen wir ein Telegramm, worin er uns zusagte, innerhalb weniger Wochen ein weibliches Sumatranashorn zu schicken, wenn wir weiteres Geld locker machten. Erst später erfuhren wir, daß der Tierhändler schon länger von einem Geschäftsmann auf Sumatra gewußt hatte, der im Gebiete des Siakflusses lebte und in seinem Hinterhof drei Sumatranashörner hielt, und zwar illegal, ohne daß die Regierung von Indonesien etwas davon wußte. Der Händler beschaffte sich in kurzer Zeit und natürlich mit den nötigen »Geschenken« die Bewilligung, auf Sumatra im Gebiete des Siakflusses Nashörner zu fangen, kaufte dem Geschäftsmann, der inzwischen zwei seiner Tiere freigelassen hatte, das restliche Weibchen ab, konstruierte einige Kilometer im Busch draußen einen primitiven Fangkraal und setzte das völlig zahme und in Gefangenschaft aufgewachsene Tier hinein. Er telegraphierte von seinem »Fang« an uns und an die Regierung in Jakarta, erhielt die Erlaubnis für den Export und transportierte das Tier nach Singapore. Von dort kam es, wie gesagt, per Flugzeug zu uns. Und die etwas anrüchige Geschichte ging weiter. Der Zoo Kopenhagen beteiligte sich mit uns an der Fangaktion, denn inzwischen hatte sich herausgestellt, daß im erwähnten, nicht geschützten Gebiet tatsächlich noch einige Sumatranashörner lebten, und man hatte nach Erhalt von weiterem Geld zwei oder drei Fangkraale aufstellen lassen. Darin wurde ein weiteres Weibchen gefangen, das in den Zoo Kopenhagen gelangte und dort unter dem Namen »Subur« 13 Jahre lebte. Auch ein Männchen ging in eine der Fallen. Das war nun Anlaß für die Fänger zum Feiern. Als jedoch das Fest vorbei war, hatte das Männchen den Weg in die Freiheit gefunden, und die ganze Fangaktion wurde abgebrochen.

Unsere »Bettina« erwies sich als kränkliches, schlecht entwickeltes Weibchen, dessen Blutarmut schon bei Ankunft offensichtlich war. Wir pflegten das wertvolle Tier sehr sorgfältig. Während Monaten ging ich nachts um 1 Uhr zu ihr in den Stall und fütterte sie aus der Hand. Wenn ich sie streichelte und ihr mit der Bürste den Bauch bestrich, bekam sie Appetit und nahm aus meinen Händen Bananen und andere Leckerbissen zu sich. Tagsüber zeigte sie wenig Freßlust. Man konnte aber jederzeit zu ihr ins Gehege, und sie schätzte offensichtlich menschliche Gesellschaft. Für die Panzernashörner im gleichen Haus zeigte sie absolut kein Interesse. Bei der Ankunft trug sie ein ziemlich dichtes Haarkleid und war von hinten eher wie ein Büffel anzusehen, als ein Nashorn. Nach und nach verlor sie aber die Haare trotz großer Vitamingaben, bekam nackte Stellen, und sie ging allgemein in der Kondition zurück, nachdem der Appetit immer schlechter wurde. Nicht ganz zwei Jahre lebte das Sumatranashorn Bettina bei uns. Bei der Autopsie zeigte sich, daß ihre Nieren vollständig degeneriert waren. Sie hatte sozusagen ohne Nieren gelebt. Ich bin

Panzer- und Spitzmaulnashorn, Deckfarben, Bleistift, Kreide und Tusche, 21,1 × 24,7 cm

überzeugt, daß sich Sumatranashörner ebenso gut halten und züchten lassen, wie die Panzernashörner, von denen nun schon mehr zoogeborene in den Tiergärten leben als aus der Freiheit entnommene. Aber wahrscheinlich wurde der Moment verpaßt. Hätte man den Rat des Forschers Markus Borner befolgt und die letzten isolierten Sumatranashörner, die er Mitte der siebziger Jahre noch feststellte, in gute Zoologische Gärten gegeben, so wäre wahrscheinlich heute ein ansehnlicher Bestand in den Zoologischen Gärten vorhanden. Weil der Wald aber auf Sumatra weitgehend abgeschlagen und damit das Lebensgebiet der Sumatranashörner vernichtet wurde, sind heute nur noch einige wenige in Nationalparks vorhanden, und ob diese überleben, ist ungewiß.

Nun zu den Panzernashörnern, die seit den fünfziger Jahren den Zoologischen Garten Basel berühmt gemacht haben. Sie gehören zu den Großtieren, die in unserer Zeit erstmals im Zoo gezüchtet wurden und deren biologische Daten wie Tragdauer, Geburtsgewicht, Wachstum, Milchzusammensetzung u. a. m. durch Haltung und Zucht in Menschenhand erst kürzlich bekannt geworden sind.

Zur Hochzeit der Nashörner

Am 30. Mai 1951 traf das erste Panzernashorn, das Männchen oder besser gesagt der Bulle »Gadadhar« in Basel ein. Nach einer langen Reise zur See und per Bahn kam er in guter Kondition zu uns und wurde im alten Elefantenhaus untergebracht. Er machte einen zahmen Eindruck, doch getrauten sich die Wärter nicht so recht, zu ihm ins Gehege zu gehen, denn keiner hatte Erfahrung über die Vertrautheit von Panzernashörnern, und es war besser, nicht allzu nahen Kontakt zu pflegen. Ein Jahr später, im Juli 1952, gelang es, zu unserem Bullen ein Weibchen zu bekommen. Beide Tiere stammten aus dem Kaziranga-Reservat in Assam und wurden durch den Basler Tierhändler Peter Ryhiner beschafft. Damals existierten nur ganz wenige Panzernashörner in Zoologischen Gärten, und es war eine tolle Sensation, von diesen aussterbenden Tieren, von denen es nur noch wenige hundert in Indien gab, nun ein potentielles Zuchtpaar zu halten.

Als das neue Elefantenhaus 1953 eröffnet wurde, hatten wir auch unser Panzernashornpaar dort untergebracht. Die beiden Tiere begingen nun abwechselnd mit den jungen afrikanischen Elefanten die große Freianlage, und hie und da konnte man sie sogar beisammen liegen sehen. Sie hatten sich schon im alten Haus angefreundet, zuerst durchs Gitter und schließlich auch bei offener Zwischentür. Als »Joymothi« zum ersten Mal brünstig wurde, bekam ich einen erschreckten Anruf des Wärters, der eine schwere Lungenerkrankung bei ihr befürchtete. Wie ich zu dem Tier kam, stand es heftig atmend da und stieß kurze, rhythmische Pfiffe aus. Nachdem ich die Atem- und Pulsfrequenz kritisch festgestellt hatte, bemerkte ich ein pulsierendes Blinken der Vulva, wobei jedesmal ein feiner Harnstrahl ausgestoßen wurde. Nun war die Diagnose klar: Brunst. Wir wagten aber jeweils die beiden Tiere nur für kurze Zeit in den recht engen Stallungen und Gehegen zusammen zu lassen. Wenn der Bulle zu aggressiv wurde, flüchtete das Weibchen in die Suhle. In der neuen Anlage beobachteten wir hie und da heftiges Treiben, aber keine Kopulation. Trotzdem war ich im Sommer 1956 sicher, daß unsere Joymothi tragend war.

Als ich im Sommer 1956 in Chikago, U.S.A., an der Jahrestagung des Internationalen Verbandes von Direktoren Zoologischer Gärten teilnahm, bat ich bei einem Rundgang durch das Zoologische Museum den dortigen Direktor, ob ich den dort deponierten Foetus eines Panzernashorns sehen könne. Ich wußte, daß auf der Überfahrt eines Panzernashornweibchens von Indien nach den U.S.A. ein Kälbchen frühgeboren worden und seither im Museum war. Zufälligerweise war Kollege Hediger auch dabei, als der Foetus aus einem großen Gefäß ausgepackt wurde, wo er in Formalin eingelegt war. Andächtig betrachteten wir das hübsche Präparat, das nur etwa 80 cm lang war, aber schon die charakteristischen Panzerplatten mit Nieten und die ganze Einteilung der Haut zeigte, wie sie für das adulte Panzernashorn typisch ist. Professor Hediger fragte mich, wieso ich denn diesen Foetus habe sehen wollen. Ich meinte, ich müsse das Maß nehmen, da wir diese Tiere ja züchten wollten.

Am 14. September 1956, also wenige Wochen später kam dann das erste in einem Tiergarten gezeugte und ausgetragene Panzernashorn in Basel auf die Welt. Wir konnten die ganze Geburt verfolgen und sogar fotografieren. Wir hatten keinen Deckakt beobachten können, doch errechneten wir die Tragzeit mit 474 Tagen, von der letzten Brunst an gerechnet. Wir hatten die Tiere mehrmals die Nacht über unbeobachtet in der Freianlage gelassen, und in solch einer Nacht muß es passiert sein. Das 60,5 kg schwere, männliche Kalb war wohl ausgebildet, rappelte sich auch schon rasch auf die Beine und suchte das mütterliche Euter. Das ganze Geschehen machte einen ungeheuren Eindruck auf uns alle, und wir waren glücklich zu wissen, daß diese so hart bedrohten Großtiere sich auch in Gefangenschaft fortpflanzen, wenn ihnen geeignete Bedingungen geboten werden. Anderntags hängte ich mich ans Telefon. Kollege Grzimek schluckte hörbar leer, als ich ihm die Geburt mitteilte. Nach einer längeren Pause sagte er nur trocken: Jetzt sind Sie mir eine Nashornlänge voraus. Einige Monate später kam bei ihm im Frankfurter Zoo ein Spitzmaulnashorn zur Welt.

Alle Zeitungen brachten die Geburt, und die Aufnahmen des Neugeborenen »Rudra« zogen um die ganze Welt. Immerhin stand noch in gewissen Zoologiebüchern dieser Zeit, daß die Panzernashörner sozusagen nackt auf die Welt kommen und sie erst nach einigen Monaten ihren Panzer ausbilden. Hier konnte man nun sehen, daß alle Panzerplatten und Hautfalten schon ausgebildet waren. Nur auf der Nase saß noch kein Horn, nur ein kleiner, glatter Fleck, wo das mächtige Horn eines Tages sprießen sollte.

Das Weibchen Joymothi war außerordentlich zahm. In der Freianlage legte ihm der Wärter oft einen Sandsack auf den Rücken und führte es herum. Schließlich konnte der Wärter auf ihm reiten. Als das Junge geboren war, ließ sich Joymothi melken, und damit wurde es möglich, die Nashornmilch zu untersuchen. Die Analyse ergab einen sehr geringen Fettanteil und einen relativ hohen Zuckergehalt. Die Milch schmeckt deutlich süß. Und daß sie sehr gehaltvoll ist, wird durch das außerordentlich rasche Wachstum des Jungtiers belegt. Im ersten Lebensjahr wird das Geburtsgewicht etwa verzehnfacht.

Wie schon erwähnt, hatten wir mehrmals Besuch von Panzernashornkühen, die von unserem Bullen gedeckt werden sollten. Zweimal war Hagenbecks »Nepali« bei uns, und beide Male hat sie 16 Monate später ein Junges zur Welt gebracht. Sie war nicht sehr mütterlich zu ihren Kindern, und beide mußten mit der Flasche großgezogen werden. Daß dies ohne allzugroße Probleme gelungen ist, muß dem großen Einfühlungsvermögen der Hagenbecks zugeschrieben werden. Beide Tiere leben heute noch in Hamburg und West-Berlin.

Später hatten wir die Nashornweibchen von West-Berlin und Stuttgart je zweimal bei uns. Sie waren beide bei uns geboren und ca. einjährig abgegeben worden. Ihr Vater Gadadhar war inzwischen gestorben, und damit die Zucht weiterging, gab uns West-Berlin in großzügiger Geste den aus Assam stammenden Bullen »Arjun«, der auch gleich mit Decken fortfuhr. Und so konnte die Zucht sehr erfolgreich weitergeführt werden, obwohl bei solch großen Tieren die Zuchtbasis in der Regel nur klein gehalten werden kann. Wir richteten das neue, im Jahr 1959 eröffnete Nashornhaus so ein, daß wir einem Bullen und zwei Kühen gute Lebensbedingungen bieten konnten und zugleich noch Platz für eine Gastkuh vorhanden war.

Der Deckakt beim Panzernashorn ist eine recht umständliche Angelegenheit. Den ersten, der zur Geburt von 1956 führte, hatten wir nicht gesehen. Nach der Geburt des ersten Jungen beobachteten wir unser Nashornpaar bei neuerlichen Vereinigungen durchgehend. Als das Weibchen am 26.4.1957, also nach fast 7½ Monaten, wieder brünstig wurde, erfolgte ein starkes Treiben, fast während des ganzen Tages. Erst am Abend, nach Weggang des Publikums ließ die Kuh den Bullen aufreiten. Er hatte große Mühe, in die richtige Stellung zu gelangen. Als es schließlich so weit war, blieben die Tiere über eine Stunde vereinigt, und fast jede Minute erfolgte eine Ejakulation. Die ganzen Verhaltensweisen vor und während der Paarung erinnern den unbefangenen Betrachter an ein gewaltiges Naturereignis, fast an ein starkes Gewitter oder gar an einen Vulkanausbruch. Man ist immer wieder verwundert, daß nichts weiter passiert, wenn die Tiere aufeinanderprallen oder wenn der Bulle die Kuh in den Graben wirft. Wir haben mit der Zeit einen Weg gefunden, um den ganzen Ablauf zu mildern. Die eben brünstig gewordene Kuh wurde in ein kleines Abteil der Freianlage gebracht, und der Bulle konnte sich alleine austoben. Er galoppierte eifrig herum, kam immer wieder zur Kuh und wunderte sich wohl, daß sie ihm nicht folgte oder vor ihm davonpreschte. Nach einigen Stunden wechselten die Tiere ihre Plätze, und dann benützte die Kuh den freien Raum zur Bewegung. Und erst wenn beide Tiere ihre Galoppaden absolviert hatten, wurden sie vereinigt. Dann machten sie wohl noch einige Runden, stellten sich aber bald zueinander, und nach langem Schmusen erfolgte schließlich der Deckakt, der bis zu 83 Minuten dauern konnte. Am nächsten Tag machten die Tiere stets einen recht ermüdeten Eindruck.

Als Tierarzt hatte ich mit den Panzernashörnern recht wenig zu tun. Die Kuh Joymothi kam eines Tages schwer hinkend aus dem Stall. Wir konnten uns diese Lahmheit nicht erklären. Es waren keine Schwellung am Bein und keine besonders empfindliche Stelle zu finden. Sie hinkte mühsam in der Freianlage herum und legte sich schließlich am Rande so hin, daß ihre Füße zum Graben hin schauten. Als sie tief schlief, schlich ich im Graben zu dem Tier hin und betrachtete genau die Fußsohlen und entdeckte einen Schuhnagel, der mitten in der Sohle bis zum Kopf drinsteckte. Ich klappte mein Taschenmesser auf und konnte unter den Nagelkopf fassen und den ganzen, etwa 3 cm langen Fremdkörper herausziehen. Jetzt erwachte das Tier und richtete sich auf. Als sie mich bemerkte, schnaubte sie mich an und galoppierte davon.

Während vieler Jahre machte uns der Bulle Gadadhar Sorgen. Einerseits war er mit dem Riesenbandwurm Anaplocephala gigantea infiziert. Andererseits hatte er immer wieder Anzeichen einer Lungenerkrankung. Trotz eingehender Behandlung magerte er langsam ab und wurde ruhiger. Immerhin deckte er die brünstigen Kühe noch erfolgreich. Eines Tages hatte er einen merkwürdigen Unfall: Er versuchte auf eine Nashornkuh aufzureiten, obwohl ein Staketenzaun dazwischenlag. Da sich die Kuh entfernte, wurde er zwischen zwei ca. 30 cm auseinanderstehenden Pfosten mit dem Brustkorb eingeklemmt. Er konnte nur sehr mühsam durch Heranbringen von Erde und Aufheben mit Flaschenzügen befreit werden. Dabei hatte er 10 Rippen gebrochen oder geknickt und sicher eine Herzkompression erlitten. Doch erholte er sich von dem Unfall. Wir glaubten, ihm das Leben zu erleichtern, indem wir eine dicke Streu einbrachten, doch gerade diese Maßnahme brachte ihm den Tod. Fünf Monate zuvor hatte er noch erfolgreich gedeckt, trotz der schweren, schmerzhaften Verletzungen.

Der Tod dieses Panzernashornbullen führte zu Erkenntnissen, die eine erfolgreiche Zucht und Haltung dieser aussterbenden Tiere erst möglich machen. Die Lungenerkrankung wurde einerseits durch Moosmilben, die im Heu und Stroh leben, hervorgerufen, andererseits hatte sie eine allergische Komponente. Zudem wurde durch die permanente Einstreu die Bandwurminfektion befördert. Seitdem streuen wir nur noch entstaubtes Stroh ein und füttern unseren Nashörnern kein Heu mehr, sondern zu großen Kuben gepreßte besonders gereinigte Heuhäcksel, die zugleich mit Mineralsalzen und Vitaminen versehen sind.

Nashörner sind hochinteressante, aber sensible Tiere, die ganz bestimmte Anforderungen an ihre Haltung stellen. Zwar wurden schon immer recht lange Lebenszeiten in Menschenhand erreicht, aber erst in der zweiten Hälfte unseres Jahrhunderts wurden Breitmaul-, Spitzlippen- und Panzernashörner in nennenswerter Anzahl in den Tiergärten nachgezogen. Aber weder das Java- noch das Sumatranashorn werden z.Z. im Tiergarten gehalten oder gar nachgeboren, obwohl dies bei der enormen Bedrohung, denen diese Tiere ausgesetzt sind, die einzige Überlebenschance wäre. Die recht guten Fortpflanzungszahlen der ersten drei genannten Arten sprechen für die dringende Forderung, auch von den letzten Sumatra- und Javanashörnern Zuchtgruppen in Menschenhand aufzubauen, um ihr Überleben vielleicht zu ermöglichen.

Okapi, Kreideskizze mit Deckfarben gehöht, 26,6 × 17,1 cm

Giraffen, Deckfarben, 43,2 × 28,9 cm

Flußpferde im Mineralbad

Einem Zoologen sind alle Tiere gleich lieb. Das ist die Theorie; in der Praxis verhält es sich allerdings nicht ganz so. Wer sich berufsmäßig mit Tieren befaßt, gewinnt mitunter schon die eine oder andere Tiergruppe bzw. Tierart, vielleicht sogar ein einzelnes Tier lieber als andere. Es wäre schwer, die verschiedenen Möglichkeiten aufzuzählen, die bei der Wahl eines solchen »Lieblingstieres« Bedeutung gewinnen können. Hängt die Vorliebe mit einem speziellen Forschungsgebiet zusammen, war ein Zuchterfolg oder irgendeine andere, auf das auserwählte Tier bezogene Erinnerung entscheidend?

Warum ist für den Budapester Zoodirektor gerade das Flußpferd zum Lieblingstier Nummer Eins geworden? Diese Riesen lassen sich wahrlich nicht als Schoßhündchen einordnen, und es ist sicher nicht leicht, mit ihnen zu spielen oder sich die Zeit zu vertreiben, von Streicheln oder anderer Hätschelei gar nicht zu reden. Warum stehen die Flußpferde dann also meinem Herzen so nahe?

Ich war kaum ein paar Wochen zum Direktor des jetzt 120jährigen Zoos von Budapest ernannt worden, als sich ein entsprechender Anlaß bot. Natürlich hatte ich mich schon vorher mit Tieren befaßt, bereits während meines Studiums als Agraringenieur, genauer gesagt als Tierzüchter, ich hatte mich dann mit Schweinen, Geflügelarten, Kaninchen, mit Nerzen, Biberratten und Füchsen beschäftigt. Die Arbeit im Zoo bedeutete für mich etwas Neues, besonders was die von Europa weiter entfernt lebenden, exotischen Arten betrifft, die für mich ein Problem mit sich brachten.

In diesen Tagen erwarteten wir den Wurf eines unserer Flußpferdkühe. Für dieses große Ereignis hatte sich die Flußpferdkuh »Mombasa« in einem Becken des vor 80 Jahren erbauten Elefanten- und Flußpferdhauses des Zoos Budapest vorbereitet. Von dem sich nähernden Geschehnis war allerdings vorher nicht viel zu bemerken, da die Gestalt des Flußpferdes nicht »gertenschlank« ist, sondern eher »aus einem Stück«. Zu beobachten waren nur das Anschwellen des Euters und kleine Unruhen Mombasas – Verhaltenswandlungen, die lediglich für den Eingeweihten wahrnehmbar sind. Die zuständigen erfahrenen Tierpfleger wußten ganz genau, was zu tun war, und sie mögen wohl im stillen über den neuen Direktor gelächelt haben, für den das die erste »eigene« Flußpferdgeburt war und der darum vielleicht auch etwas aufgeregter war als Mombasa selbst.

Morgens wurde das Becken der werdenden Mutter nur noch zu einem Viertel gefüllt. In dem gut gesäuberten Bassin betrug die Tiefe des Wassers, dessen Temperatur sorgfältig eingestellt war, 50 cm. Ich hielt das für zu wenig, da sich sonst immer sehr viel mehr Wasser im Becken befand, das aus den Quellen des in der Nähe liegenden Heilbades unbeschränkt zur Verfügung stand. Ich hatte mir noch einmal bewußt gemacht, welche Aufgaben die Flußpferdmutter nach der Geburt ihres Kindes zu erfüllen hat: Wenn das Junge im tiefen Wasser zur Welt gekommen ist, steckt sie den Kopf unter das Kalb und hebt es so zur Oberfläche, stößt es hoch, damit es Luft holen und so mit der regelmäßigen Atmung beginnen kann. Das ist sehr wichtig, wenn das Flußpferd im Wasser gebärt und das Kalb bemüht ist, zum ersten Atmen an die Luft zu gelangen, wobei die Nabelschnur abreißt.

Die Tierpfleger berichteten mir nun, daß vor Jahrzehnten ein ungewöhnlicher Unfall passiert war. Das Becken war voller Wasser gewesen, als die Geburt stattgefunden hatte, die sorgsame Mutter hatte das Neugeborene, ihrer Gewohnheit gemäß, mit dem Kopf öfters angehoben, und bei einer plötzlichen Bewegung war das Kalb über die Trennwand in das andere Becken geschleudert worden, wo der erregte und wilde Bulle es getötet hatte. Darum üben wir seit diesem Vorfall solche große Vorsicht bei jeder Geburt und halten den Wasserstand so niedrig.

Die Vorbereitungen gingen also vonstatten, und die Mutter wurde ständig beobachtet. Das Haus blieb für die Besucher geschlossen, das Tier war nur von den Pflegern, Tierärzten und dem Fotografen umgeben. Und, da es Winter war, schwamm im Nachbarbecken friedlich der werdende Vater mit einer anderen, jüngeren Kuh.

Wir standen den ganzen Vormittag bis zum Nachmittag in Bereitschaft. Die Flußpferdmutter wurde immer nervöser, ihre Flanken fielen etwas ein, und dann bemerkten wir, daß der riesige Bauch sich sichtbar senkte. Doch auch am Nachmittag blieb der Erfolg noch aus. Der Abend näherte sich, die Unruhe des Tieres nahm weiter zu, wie auch die anderen Familienmitglieder im benachbarten Becken nervöser wurden. Und dann war es soweit, die Geburt begann. Zuerst erschienen die Fußenden des Jungen, einige plötzliche Bewegungen, und jäh befand sich im flachen Wasser ein längliches, erstaunlich kleines Lebewesen, einem Torpedo ähnlich. Das ganze Ereignis spielte sich, im Gegensatz zur langen Wartezeit, sehr schnell ab. Die Mutter drehte nach dem Ausstoß des Kindes ihren Kopf blitzschnell um und stieß das Kleine so lange, bis es anfing, sich zu bewegen, zu zappeln und zu atmen. Meine Spannung ging in eine große Freude über. Bewegt schaute ich dem um die Mutter herumstolpernden Kalb zu und war Mombasa dankbar, daß dieses für mich erste Ereignis so glatt und ohne Störungen abgelaufen war. Seit dieser Zeit sind die Flußpferde meine Lieblinge.

Das Ganze trug sich, wie gesagt, im 80jährigen Elefanten- und Flußpferdhaus des Budapester Zoos zu. Dieser Zoo wurde im Jahre 1866 für die Besucher eröffnet. Um die Jahrhundertwende nahm man dann eine Modernisierung vor, namentlich in den Jahren 1909 bis 1912 wurde der Zoo vollständig umgebaut, um dann im Jahre 1912 wieder der Öffentlichkeit zugängig gemacht zu werden. Das Elefanten- und Flußpferdhaus entstand in dieser Bauperiode. Das Gebäude bekam durch den Baustil und seine Dekoration einen orientalischen Charakter. Die Wirkung der moscheeartigen Kuppel erhöhte sich einst noch durch einen minarettartigen Turm, der aber später abgerissen wurde. In dieser Umgebung befand sich das erste Flußpferd, das nach Budapest kam, und es konnte sich wohl fühlen. Der Bulle »Jónás« [sprich: Johnásch] kam schon im Jahre 1911, also noch vor der Eröffnung des Hauses an. Er stammte aus einem Wildfang und lebte noch sechs Jahre lang bei uns.

Heute weiß keiner mehr, wie der erste Bulle zu dem Namen Jónás kam. Da er beim Budapester Publikum ungemein populär geworden ist, heißen seitdem sämtliche Flußpferdbullen »Herr Jónás«. Die lustigen, immer zu Späßen aufgelegten Budapester rufen zu Silvester und am 1. April, zur Zeit der großen Verulkungen, zu Hunderten im Zoo an und erkundigen sich in liebenswürdigem Ton nach dem Befinden des Herrn Jónás, lassen ihn herzlich grüßen usw. An diesen Tagen ist in der Direktion des Zoos Budapest ein besonderer Telefondienst notwendig, und die zuständige Dame gibt mit großer Geduld Auskunft über das Befinden des Herrn Jónás.

Obwohl »Jónás« im neuen Haus nur eine relativ kurze Zeit lebte, hat er dort für den Budapester Zoo eine neue Entwicklungsphase eingeleitet. Seitdem vermehren sich hier die Flußpferde regelmäßig und erreichen ein sehr hohes Alter. Im großen Haus befinden sich zwei Elefantenunterkünfte, zwei Nashornunterkünfte und zwei Flußpferdbecken.

Zu den zwei inneren Flußpferdbecken gehören zwei voneinander getrennte Außenanlagen. Der Inhalt des inneren, gekachelten Beckens beträgt etwa 60 m³, es ist in zwei Teile geteilt, die aber gemeinsames Wasser haben. Zu den beiden Teilen führen getrennte Treppen, dadurch kann man zwei Tiergruppen bilden, die getrennt zu halten, zu füttern und in das Außenabteil zu lassen sind.

Das Innenbecken erlaubt eine Wassertiefe von 150 cm, während die außen angebrachten Becken weitergehende Bademöglichkeit bieten. Betrachten wir zuerst das kleine Becken, ein Isolierbecken mit dreieckigem Grundriß von 16 m². Es dient dem Zweck, daß Muttertier und Kalb von den anderen getrennt Ruhe finden können.

Der sehenswerteste Teil aber, der für die Tiere den besten Aufenthaltsraum bietet, ist das Großbecken. In seiner heutigen Form wurde es vom ehemaligen Zoodirektor, Professor Anghi, gestaltet, als dieser noch Kurator für Säugetiere im Zoo Buda-

Flußpferd, Deckfarben und Kreide, 26,2 × 25,4 cm

pest war. Breite, flache Stufen, die ein Sonnenbad oder auch ein »Halbbad« ermöglichen, führen ins Becken, ein wirkliches Schwimmbecken, wo wir bei einer Wassertiefe von 180 cm eine Tafel aufstellen könnten: »Achtung, nur für Schwimmer!« Die hier baden, können allerdings tatsächlich ausgezeichnet schwimmen. Das Außengehege ist etwa 165 m² groß. Die im Wasser befindlichen Tiere können von einem Halbkreis aus beobachtet werden.

Die geschilderte Unterbringung allein begründet jedoch noch nicht, warum die Budapester Flußpferde so vermehrungsfreudig und langlebig sind. Viele Fachleute haben bereits die hervorragenden Zuchtergebnisse studiert. Sicher ist, daß es in mehreren Zoos ähnlich große und ähnlich gestaltete Unterkünfte gibt, es gibt aber auch einige Tiergärten, in denen die Flußpferde auf noch größeren und bequemeren Plätzen leben.

Die Erklärung für die guten Fortpflanzungsergebnisse ist möglicherweise in der Beschaffenheit des Wassers zu suchen. Ein Glück für den Budapester Zoo ist es, daß eine der vielen Budapester Heißwasserquellen in unmittelbarer Nähe zutage tritt. In dem von großen Bäumen bestandenen Stadtwäldchen fing man schon im Jahre 1868 an, einen Brunnen zu bohren, aus dem heißes Wasser entsprang. Im Jahre 1936 wurde eine zweite Bohrung abgeteuft, und beide Quellen versorgen noch in unseren Tagen das hier errichtete Széchenyi-Bad, den Zoo und ein Krankenhaus.

Das Wasser kommt mit 4850 Liter pro Minute sehr reichlich aus einer Tiefe von 1256 m; da es sehr heiß ist – die Temperatur beträgt 76,6 °C – kann man es so nicht verwenden. Vielmehr wird es, nachdem es durch eine Leitung direkt in den Zoo gelangt und dort mit einer Temperatur von 70 °C angekommen ist, mit kaltem Wasser gemischt und auf eine Temperatur von 26 °C gebracht, gleichbleibend im Sommer wie im Winter. Neben der Temperatur ist die Heilwirkung des Wassers sehr wesentlich. Diese ergibt sich aus den gelösten Mineralien Calcium, Magnesium, Natrium und Chlor. Die Hydrocarbonate, Chloride und Sulfate ergeben eine besondere Wirkung.

Die Ärzte der Balneologie wurden auf die Heilwirkung des Wassers im Stadtwäldchen schnell aufmerksam und gründeten im Széchenyi-Bad neben dem Freibecken auch ein balneologisches Institut. Das Heilwasser wird in erster Linie denjenigen empfohlen, die katarrhalische Krankheiten haben. Wahrscheinlich ist hier das Geheimnis der Budapester Flußpferdzuchtergebnisse zu suchen. Das sommers wie winters gleich temperierte, heilwirksame Wasser beseitigt all die Sorgen, die in Zoos ohne solche vorteilhafte Umstände bei der Zucht der Flußpferde eintreten können.

Unter solchen hervorragenden Bedingungen ist es verständlich, daß man im Zoo Budapest die Flußpferde immer besonders umsorgt und gepflegt hat mit dem Ergebnis, daß hier inzwischen 37 Flußpferdkälber geboren worden sind. Bis heute lebten in Budapest 43 Flußpferde, der Großteil davon ist also hier zur Welt gekommen, und nur zum Zwecke der Blutauffrischung wurden einige Tiere importiert. Der z. Z. lebende junge Bulle hat den Namen Jónás X., diese Tiere werden also ebenso mit einer Ziffer benannt wie gekrönte Könige. Am fruchtbarsten war die aus einem Wildfang stammende Dame »Ara«, die bei uns 14 Kälber zur Welt gebracht hat. Vielleicht hätte sie die Familie noch weiter vergrößert, sie ist aber im Jahre 1945, noch während des Krieges, verendet.

Berühmt war auch die Kuh »Kincsem« [»Mein Schatz«], die elf Kälber und in Budapest das längste Leben hatte. Als Tochter von »Ara« wurde sie im Jahre 1931 geboren, sie überlebte den zweiten Weltkrieg und starb im Jahre 1976 mit 45 Jahren. Das Durchschnittsalter im Zoo Budapest betrug bis dahin 32 Jahre.

Der zweite Weltkrieg bedrohte auch die Flußpferd-Familie. Die meisten Tiere des Gartens sind während der wochenlang andauernden Belagerung eingegangen, teilweise infolge des Artillerie-Feuers, teilweise an Futtermangel. Unter den wenigen, die überlebten, war – zur großen Freude der Budapester – auch die Familie Jónás mit zwei Kälbern.

Viele fragten: wie kommt es, daß gerade diese heiklen Flußpferde verschont geblieben sind? Während der Kämpfe um Budapest hörte natürlich jede Versorgungsleistung, in erster Linie die Lieferung von Strom, Gas und Leitungswasser auf. Es war wie ein Wunder, daß die unterirdische Thermalwasserleitung zwischen dem Széchenyi-Bad und dem Zoo Budapest heil blieb. So stand immer warmes Wasser zur Verfügung. Auch die Futterversorgung konnte aufrecht erhalten werden, obwohl sie entsprechend den Kriegsverhältnissen sehr kärglich ausfiel. Die im Zoo wohnenden Tierpfleger haben alles auffindbare Futter den Flußpferden zukommen lassen. Die Tiere zogen sich im Haus, dessen Fenster und Türen in Scherben lagen, in das warme Wasser zurück und verzehrten, was ihnen in letzter Not gegeben wurde, nämlich Rohrmatten sowie die Seegrasfüllung alter Matratzen. Natürlich haben sie abgenommen, doch konnten sie die Entbehrungen überraschend gut ertragen.

An kühleren Morgen liegt immer dichter Dunst über dem im großen, offenen Becken stehenden Wasser. In diesem Nebel sind die im warmen Wasser befindlichen Tiere kaum zu sehen. Beim Schwimmen ragen ja ohnehin nur einige Punkte ihres Schädels in die Luft hinaus. Von dem riesengroßen Kopf sind es nur die kleinen beweglichen Ohren, die mit wulstigen Augenbrauenbogen umrandeten hervorgewölbten Augen und die schräg stehenden, sich wölbenden Nasenlöcher.

Mit den Sinnen reagiert das Flußpferd also auf seine Umwelt, auch wenn sein riesiger Körper unter Wasser verborgen bleibt. Beim Fressen öffnen die Tiere ihr riesiges Maul – zum größten Erstaunen der Besucher. Besonders die Eckzähne des Unterkiefers erwecken Aufsehen, da sie bis zu einem halben Meter lang wachsen können. Neben der Größe ist die Anzahl von 40 Zähnen bemerkenswert.

Dem riesigen, bis 100 kg schweren Kopf folgt der kurze, kräftige Hals, daran schließt sich der walzenförmige Rumpf an. Die säulenartigen Füße sind so kurz; der Bauch berührt fast die Erde.

Den ganzen Körper des Flußpferdes bedeckt eine haarlos glatte Haut. Ihre Farbe ist rötlich-braun, mit grauer Abstufung. Die Zoobesucher bemerken manchmal überrascht, daß die Haut der Flußpferde nach längerem Aufenthalt auf dem Trockenen »blutig« wird. Es handelt sich dabei jedoch nur um ein Hautdrüsensekret, das roten Farbstoff enthält und sich an der Luft auffällig ansammelt.

Das Körpergewicht dieser riesigen Tiere beträgt aufgrund zuverlässiger Messungen 2 000 bis 2 500 kg, ausgewachsene Bullen können bis zu 3 000 kg schwer werden. Die Körperlänge mißt 3,5 bis 4 m, der stumpfartige Schwanz nur 30 bis 40 cm. Selten ergibt sich die Möglichkeit zur genauen Messung eines Flußpferdes. Im Zoo ist das meist nur dann möglich, wenn ein Tier verendet. So werden auch die tot geborenen Kälber gewogen, aber nur selten nimmt man das Risiko auf sich, gesunde Neugeborene zur Gewichtbestimmung von der Mutter zu trennen. Das Geburtsgewicht der Flußpferde beträgt bis zu 50 kg.

Die Flußpferde fressen ausschließlich Pflanzenkost. In ihrer Urheimat nehmen sie jedes Grünfutter an, was sie im Wasser und am Ufer erreichen können. Die Wasserpflanzen werden gänzlich verzehrt, vom Ufergebüsch nur die Blätter, das Gras in Gewässernähe wird abgeweidet. An Land haben Flußpferde ihre ständigen Wechsel. Die Gewohnheit, daß sie meist nachts auf Nahrungssuche gehen, wird auch in den Zoos bedacht, sie bekommen abends ihr Futter – natürlich immer am gleichen Platz. So ist ihr Tagesrhythmus, ihre Bewegung zwischen den Becken und den Ställen gut zu regeln. Im allgemeinen erhalten sie täglich 50 kg Futter, das vorwiegend aus Grünzeug, Luzerne, Gras, im Winter aus Heu besteht und mit Obst, Gemüse und mit gekochtem Reis und Kartoffeln ergänzt wird. Was das Futter anbelangt: man kann Flußpferde nicht als besonders anspruchsvoll bezeichnen, da sie ja – wie berichtet – während des Krieges selbst Rohrmatten gefressen haben.

Die Flußpferde leben in den Zoos in kleinen Familienverbänden. In Budapest ist für höchstens sechs bis sieben Exemplare Platz, und zwar ein ausgewachsener Bulle, zwei Weibchen und drei bis vier Kälber. In der freien Natur bilden sich größere Gruppen. Zur Reviermarkierung verteilen die Flußpferde ihren Kot mit schnellen Bewegungen ihres stummelartigen Schwanzes. Diese Gepflogenheit kann manchmal für das im geschlossenen Gebäude stehende Publikum unangenehme Folgen haben, da zu nahe stehende Besucher den fein versprühten Kot auch auf die Kleidung bekommen können. Die Lebensweise im Wasser erregt viel Erstaunen. Die Besucher messen manchmal mit ihren Uhren in der Hand, wie lange die Tiere fähig sind, unter Wasser zu bleiben. Im allgemeinen dauert ein Tauchen drei bis vier Minuten, obwohl auch von 10 bis 15 Minuten die Rede ist, was aber wohl auf einem Irrtum beruht: Manche derartige falsche Beobachtung mag darin begründet sein, daß beim Zeitmessen die langsame, vorsichtige Bewegung im »schmutzigen« Wasser bzw. das bloße Herausheben der Nasenlöcher nicht bemerkt wird.

Der Leser hat eingangs bereits erfahren, daß auch in anderen Zoos Flußpferde gut zu züchten sind. Sie werden im Alter von drei bis sechs Jahren geschlechtsreif, die überraschend kurze Trächtigkeit dauert acht Monate. So kann jede Kuh in jedem Jahr ein Kalb zur Welt bringen. Eine aus zoologischen Gärten stammende Beobachtung erweist, daß Flußpferde in Gefangenschaft früher als in freier Natur geschlechtsreif werden.

Die Flußpferde sind im allgemeinen gute Mutter. Mit ängstlicher Sorge betreuen sie die »Babys«, die sich immer in ihrer Nähe aufhalten. Die kleinen Kälber trinken sogar unter Wasser. Die Mutter legt sich auf die Seite, und so kann das Kalb die Zitzen zwischen den beiden Hinterbeinen suchen. Jeder Saugakt dauert etwa 20 Sekunden, dann taucht der Säugling zur Atmung auf, wobei die aufgesogene Milch abgeschluckt wird. Nach einer kurzen Ruhepause verschwindet das Kalb wieder unter dem Wasserspiegel und trinkt weiter. Je älter das Kalb wird, desto länger dauern die einzelnen Saugakte,

Hausschwein, Bleistiftskizzen, 26,5 × 21,9 cm

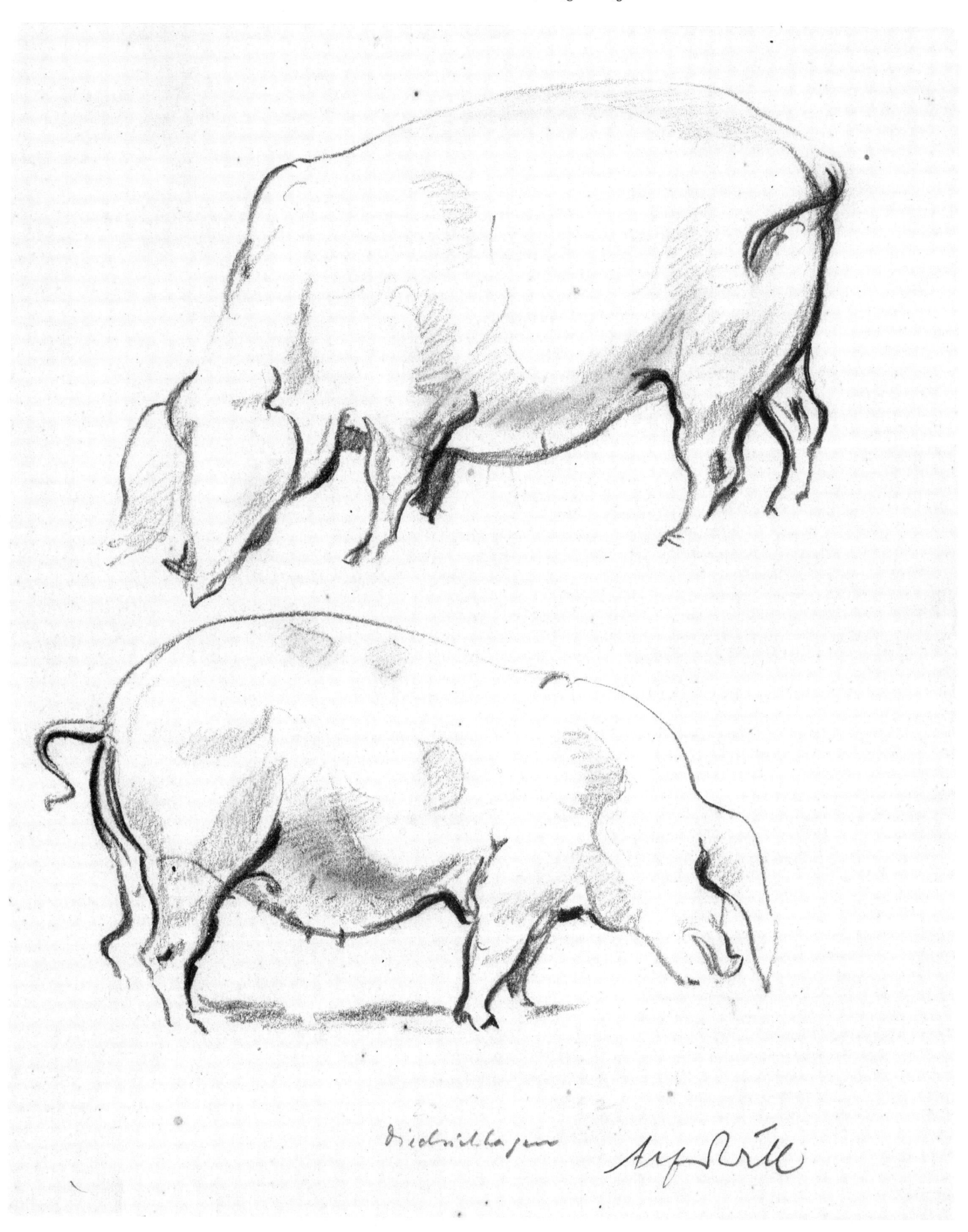

Wildschweine, Kreide, Tusche und Deckweiß, 16,8 × 21,1 cm

und die Pausen zur Luftaufnahme werden immer kürzer. Nach dem Trinken ruht sich das Kalb schlummernd aus. Seinen Kopf hebt es aus dem Wasser und legt ihn auf den Kopf oder Körper der Mutter. Nach den ersten Tagen kann sich das Kalb im Wasser schon ausgezeichnet bewegen, aber es verläßt seine Mutter anfangs nie weiter als zwei bis drei Meter.

Die Flußpferde haben in der freien Natur nur wenige Feinde. Sogar die Krokodile meiden sie, da sie meist in großen Gruppen leben. Auf dem Lande könnten größere Raubtiere das Fangen der Kälber probieren, was aber nur selten geschieht.

Auch die im Zoo lebende Flußpferdkuh hütet ihr Kalb sehr vorsorglich. Die sonst zahmen und friedlichen Kühe kommen schnell in Wut, wenn sie ein Kalb führen. Auch der Bulle scheint mitunter das Kalb zu schützen; zumindest gewannen wir diesen Eindruck, als wir einmal ein einjähriges Kalb zum Zwecke eines Transportes nach England in eine Kiste treiben wollten. Die Stimme des Kalbes hörend, attackierte der riesengroße Bulle die trennende Eisentür und teilte mit Schulter und Kopf gigantische Schläge aus. Furchterregend war seine tiefe Stimme, und mit Besorgnis sahen wir auf die Eisentür, ob sie dieses Wüten aushalten würde.

In der Natur sind die Flußpferde heute selten geworden. Wir hoffen aber, daß die afrikanischen Länder den Fortbestand dieser unschädlichen Tiere auch fernerhin sichern können.

Wildschweinstudien, Kreide und Bleistift, 22,6 × 19,3 cm

Lutz Briedermann

Niederfinow

Wild in heimischen Wäldern

Die Begegnung eines Menschen mit einem Wildtier ist fast immer nur kurz; ein flüchtiges Zusammentreffen, eine rasche Reaktion oft beider Partner; ein bleibender oder schwindender subjektiver Eindruck. Das gilt für den Spaziergänger, der hinter einer Wegbiegung auf äsende Rehe trifft, nicht anders als für Bergsteiger, dessen Rast durch kletternde Gemsen am Gegenhang zur Kurzweil wird, und für den Jäger, der vom Hochsitz aus befriedigt das im Abendlicht heraustretende Rotwild begutachtet und vielleicht dem Anblick mit einem sicheren Schuß ein rasches Ende setzt. Ungezählte Male im menschlichen Leben mögen sich solche und ähnliche Eindrücke wiederholen und den Tierfreund in den Ruf eines Tierkenners bringen – und doch weisen alle diese Erlebnisse eine unsichtbare Barriere auf, die kompromißlos Wild und Mensch voneinander trennt: die Anonymität des Tieres und sein unbewußter Wille, diese vor Fremden zu wahren. Die Behauptung eines Jägers, »sein« Wild zu »kennen«, ist ebenso fragwürdig wie die eines engagierten Tierparkbesuchers, mit seinen von ihm begrüßten Lieblingen »Freundschaft« geschlossen zu haben.

Es ist eine begrüßenswerte Erscheinung unserer Zeit, daß sich immer mehr Menschen vorbehaltlos dem Tier öffnen, sein Existenzrecht bejahen und sich um Verständnis seines Lebens und Wesens bemühen. Das betrifft nicht nur die anwachsende Heimtierhaltung, die hohen Besucherzahlen in Zoos und Tiergärten und das stetige Interesse an Fernsehsendungen über die Tierwelt. Immer mehr Menschen sind auch – zum großen Teil unbewußt – der festen Überzeugung, daß zu ihrer gesunden Wohnumwelt nicht nur Wälder, Felder und Gewässer schlechthin gehören, sondern in diesen auch für die heimische Tierwelt ein Platz bleiben muß. Dabei ist es nur ein gradueller, vom persönlichen Kenntnisstand geprägter Unterschied, ob das Plädoyer für das heimische Wild nun seinen unbedingten Schutz fordert oder eine vernünftige, bestandsregulierende Nutzung, wie durch die Jagd, einschließt.

Das Wissen über Lebensweise und Lebensbedürfnis heimischen Wildes ist – vor allem in den letzten Jahrzehnten – lawinenartig angestiegen. Ein Heer von Spezialisten bemüht sich, immer tiefer in die Lebensgeheimnisse einzudringen, und die Zahl der Publikationen wächst ins Unüberschaubare. Zum Beispiel findet man aus dem Zeitraum zwischen 1700 und 1850 etwa eine wissenschaftlich bedeutsame Veröffentlichung auf 10 Jahre über das Wildschwein, zwischen 1900 und 1945 bereits jährlich etwa eine Veröffentlichung von heute noch beachtlicher wissenschaftlicher Bedeutung; und seit 1970 ist mit etwa 20 Veröffentlichungen im Jahr über Wildschweine zu rechnen, die wichtige neue Erkenntnisse über diese Tierart aus aller Welt enthalten. In populär aufbereiteter Form wird dieses Wissen über Vortrag, Buch, Film und Fernsehen zum Teil des Allgemeinwissens unzähliger tierbegeisterter Bürger.

Es ist aber nicht zu übersehen, daß sich das anwachsende Wissen über das Wildtier im wesentlichen auf dessen Existenz als greif- und meßbare Erscheinungsform der Materie erstreckt; Verbreitung, Gestalt, Wachstum, Ernährung und Vermehrung, zunehmend auch die Struktur und Dynamik der Populationen und deren Regulationsfaktoren sowie Grundelemente des tierlichen Verhaltens – das sind die Grundpfeiler unseres heutigen Wissens über das Wild. Dagegen sind die meisten der sicher auch beim hochentwickelten Säugetier den Lebenswert wesentlich bestreitenden psychischen Komponenten noch fast unbekannt und dem Menschen vielleicht immer unzugänglich. Wer von uns, deren Widerspiegelung der Umwelt fast ausschließlich den Weg über das Auge nimmt, kann sich auch nur entfernt in das »Riechbild« eines Rothirsches denken, der seine Impressionen über den Windhauch vermittelt bekommt, der gewundene Wege ging, noch Ereignisse mitträgt, die vor Stunden geschahen, und aus dessen betäubender Duftfülle die für die Existenz des Hirsches wesentlichen Informationen herausgefiltert werden müssen? Wer kann begreifen, weshalb Wildschweine dazu gebracht werden können, an einem Ort Tierfreunden das Brot aus der Hand zu nehmen, aber schon hundert Meter entfernt auf jeden menschlichen Windhauch mit rascher Flucht zu reagieren? Wen überrascht es nicht zu erfahren, daß in einem Mufflonrudel alle Mitglieder – außerhalb der Brunft – durch verwandtschaftliche Beziehungen miteinander verbunden sind, diese auch kennen und respektieren; nur abenteuernde Jünglinge haben einen Freibrief und dürfen sich auch in fremden Familien angenehm machen.

Durch Markierungen wissen wir, daß sich die Rehe eines Waldgebietes fast alle genau kennen, selbst wenn sie einzeln oder in kleinen Sprüngen voneinander getrennt leben; daß sie ihre Einstände respektieren und daß es nur dann zu ernsten Kämpfen zwischen den Böcken kommt, wenn etwa ein Zuwanderer einen Platz erkämpfen will oder einige Nachbarn im Prozeß des Reifens und Alterns den Eindruck gewannen, daß eine Neuordnung des Rangverhältnisses erforderlich sei.

Fragen über Fragen häufen sich auf, wenn es darum geht zu verstehen, wie ein Wildtier seine Umwelt wahrnimmt, mit seinen Artgenossen kommuniziert und von welchen Ursachen seine Handlungen bestimmt sind. Um hier ein wenig voranzukommen, ist es notwendig – nach Möglichkeit – sich von Vorurteilen und geläufigen Denkschablonen freizumachen und das Tier in seiner gewohnten natürlichen Umwelt ungestört und lange Zeit zu erleben.

Daran, daß diese Forderungen nahezu unvereinbar sind, liegt es, daß wir so wenig über das Innenleben selbst der bekanntesten einheimischen Großsäuger wissen – und daß das Wenige, das wir zu wissen meinen, stark anthropomorph, vermenschlicht ist. Wenn es jedoch darum geht, die schließlich auch die Entwicklung des Menschen über Jahrhunderttausende prägende Beziehung Mensch – Tier zu analysieren, ist es nicht allein interessant darzulegen, wie der Mensch heute das Tier sieht, sondern auch zu erfahren, wie das Tier den Menschen in seine Umwelt einordnet.

Fast überall in der Welt, und nicht zuletzt in Mitteleuropa, ist der Mensch zu dem bestimmenden Bestandteil dieser Umwelt geworden. Er rodete Wälder, gestaltete die verbliebenen bis in ihre Bodenvegetation um, legte Felder an, ent- und bewässerte, baute Städte, Siedlungen und Produktionsanlagen, überzog das Land mit zum Teil für das Tier unüberwindlichen Verkehrssträngen und bewirkte schließlich, daß es heute nahezu keinen Quadratmeter Bodens gibt, der wirklich als vom Menschen ganz unbeeinflußt gelten kann. Nahrung und Deckung im Kreise des Jahres, die Möglichkeit der Ortsveränderung und der Kommunikation – all diese lebensnotwendigen Aktivitäten sind weitgehend vom Menschen bestimmt, obwohl diesem oft nicht bewußt und von ihm ungewollt. Die großräumige Ausrottung früher bestandsregulierender Raubfeinde oder auch von Nahrungskonkurrenten, aber auch Änderungen des genetischen Potentials durch Aus- und Umsetzungen – aus welchem Interesse auch immer –, all diese und ähnliche Handlungen bestimmen das Verhalten des Wildtieres mit. Daher muß man Hediger (1961) zustimmen, wenn er ausdrückt, daß wir das ursprüngliche, reine Tierverhalten kaum oder gar nicht mehr kennen; fast alles ist schon durchdrungen von den Reaktionen des Tieres gegenüber dem Menschen und gegenüber seinen technischen Einrichtungen.

Diese Konsequenz muß jeder Beobachter heimischen Wildes in sein Kalkül einbeziehen. Unter den direkten Einflüssen auf die Mensch-Tier-Beziehungen sind die des Funktionskreises der Sicherheit und Feindvermeidung die auffälligsten. Wir wissen, daß dieser Funktionskreis allen übrigen – der Ernährung, Ruhe, Fortpflanzung – übergeordnet ist, daß sich das Leben des Wildes ständig um die eigene Sicherheit drehen muß. So sind es Sternstunden im Leben des naturinteressierten Jägers, wenn er das Wild einmal echt ungestört, im Zustand gelöster Ruhe, des genüßlichen Wiederkäuens oder gar des seltenen Schlafens erleben kann. Ich bin sicher, daß nur wenige Jäger, deren Schalenwildstrecke in die Hunderte reichen mag, jemals beobachten konnten, wie eine Schwarzwildrotte ihren Kessel baut und darin zur Ruhe geht, wie ein Rehkitz zur Welt kommt oder wie ein Kahlwildrudel nach einem heißen Sommertage vergnügt und unbeschwert über eine zum Suhlen geeignete Moorfläche tobt. Das ist nicht nur ein Verschulden des Jägers, sondern in erster Linie Ergebnis der Sorge des Wildes, sein Eigenleben vor dem einzigen Feind, den es noch zu fürchten hat, dem Menschen, zu verbergen.

Ich hatte in meiner jagdlichen Praxis bei Begegnungen mit Angehörigen bejagter Tierarten stets den Eindruck einer immerwährenden Unruhe, Vorsicht und Sorgsamkeit, Jungtiere in den ersten Lebensmonaten ausgenommen. Selbst mit bester Äsung bewachsene Freiflächen werden erst zu Tageszeiten aufgesucht, zu denen Begegnungen mit Menschen fast ausgeschlossen werden können, und auch dann muß ein günstiger Wind die Sicherheit gewährleisten. Lieber füllt sich das hungrige Rotwild den nach langer erzwungener Tagesruhe geleerten Pansen in der Kieferndickung mit zäher Rinde und stacheligen Nadeln, ehe sich das Leittier vor eintretender Dunkelheit auf den angrenzenden saftigen Rapsschlag wagen würde. Die geräuschvoll und scheinbar sorglos im Buchenlaub nach Eckern brechende Schwarzwildrotte nutzt die ihnen genau vertraute Geräuschkulisse dazu, sich bei Dunkelheit und unübersichtlichem Gelände über den Aufenthaltsort der anderen Rottenmitglieder ständig zu informieren. Ein fremdes Geräusch oder ein verdächtiger Windhauch – und mit erstaunlicher Lautlosigkeit und Geschwindigkeit hat sich die Rotte aus dem Gefahrenbereich entfernt. Vorsicht und Mißtrauen steigen mit der Erfahrung. Wo ein einjähriger Spießbock wie ein zerstreuter Schuljunge direkt unter dem Hochsitz auf die Waldwiese springen und dort sofort hastig äsen kann, mag der mißtrauische Platzbock, der den beleibten Jäger schon mehrfach schnaufend seinen luftigen Sitz ersteigen sah, nach langem Sichern endlich doch einen versteckteren Äsungsplatz erkoren haben. Die auf vielbegangenem Wege als gefahrlos überquerte frische Fußspur kann den mißtrauischen Keiler zum Umdrehen bewegen, wenn sie 50 Meter weiter am Dickungsrand entlang führt.

In der umfangreichen jagdlichen Literatur gibt es unzählige Schilderungen und Berichte dieser und ähnlicher Art, die hohe Sinnesleistungen und die Fähigkeit zum Sammeln von Erfahrungen belegen, aber wenige Beobachtungen oder gar Experimente lassen berechtigte Schlüsse auf die psychischen Wurzeln der jeweiligen Verhaltensweisen zu. Je nach dem Standpunkt und dem Eindruck des Verfassers variieren die Erklärungen zwischen Instinkthandlungen und Intelligenzleistungen. Das Bestreben des Wildes, sich dem Menschen unbedingt zu entziehen und einen Kontakt zu verweigern, erleichtert die Aufgabe nicht. Obwohl selbst Jäger, habe ich doch viele Gelegenheiten wahrgenommen, mit Wildtieren Kontakt aufzubauen, in denen auf der Tierseite die Notwendigkeit der Feindvermeidung mindestens herabgesetzt, wenn nicht ausgesetzt war. Ich bin dabei zu dem Schluß gekommen, daß der Mensch nicht unbedingt in ein angeborenes, also instinktiv gegebenes, Feindbild gehören muß. Den Verdacht hegte ich bereits bei Gemsenbeobachtungen in der Sächsisch-Böhmischen Schweiz zu Ende der fünfziger Jahre. Ich nutzte als Student jede Stunde, mich den etwa 20 auf der sächsischen Seite befindlichen Gemsen zu nähern und ihr Verhalten kennenzulernen. Die Population wurde ab 1907 durch Aussetzung begründet und mit Ausnahme weniger Abschüsse vor 1945 nicht bejagt. Nach etwa einem Jahr meiner dortigen etwa dreijährigen Tätigkeit hatte ich den Eindruck, daß nicht nur ich die meisten Gemsen individuell kannte und rasch in ihren Einständen zu finden wußte, sondern daß auch sie sich mit meiner Anwesenheit abzufinden begannen. Es gelang ja nicht immer, mich ihnen ungestört auf Beobachtungsweite zu nähern. Aber immer seltener wurden das erschreckte Warnpfeifen und das anschließende Verschwinden hinter den Felsrippen. Die Gemsen wechselten meist nur auf das gegenüberliegende Felsriff über, taten sich dort nieder, beobachteten ihrerseits mich, bald wiederkäuend, und nach spätestens einer Stunde hatte sich das normale Leben wie vor meiner Abwesenheit fortgesetzt – sei es durch Äsen, das Säugen der Kitze oder das hangabhangaufgehende Brunfttreiben. Freilich war mein Preis dafür hoch: vielstundenlanges Ausharren in ungeschützter Lage bei brütender Sonne oder bei Schneefall. Dafür wurde mir mancher Einblick in das Sozialverhalten dieser Art ermöglicht, der anders kaum zu erlangen gewesen wäre. Später bestätigten mir Studien in der Hohen Tatra und in den Rhodopen, daß langjähriger Jagdschutz die wesentliche Voraussetzung für diese Weise, mit Tieren zu arbeiten, ist. Auch dort duldeten mich die Gemsen auf geringe Entfernungen, aber bei meinen relativ kurzen Besuchen eben doch nicht so wie in der Sächsischen Schweiz.

Spätere Untersuchungen an Mufflons, den Wildschafen Korsikas und Sardiniens, haben mir bewiesen, daß das höher organisierte Säugetier erst lernen muß, den Menschen als Feindfaktor zu begreifen. Dieses Lernen vollzieht sich durch Erfahrung, die zu sammeln Wild von klein an reichlich Gelegenheit hat. Das Mufflon wurde etwa seit Beginn dieses Jahrhunderts allerorten in Mitteleuropa neu angesiedelt, obwohl man über seine Lebens- und Verhaltensweise kaum etwas wußte. Um diese nun im direkten Kontakt studieren zu können, hatte ich einige Lämmer unmittelbar nach ihrer Geburt an mich genommen, von anderen Menschen und auch von Mufflons isoliert aufgezogen und allmählich in meinem Jagdgebiet seßhaft gemacht. Heute sind diese Schafe schon in ihrer zweiten Lebenshälfte, sind Großmütter und Urgroßmütter und führen große Rudel, die auch bejagt werden, an. Es ist mir gelungen, mein freundschaftliches Verhältnis zu ihnen zu bewahren, und ich darf noch immer Kontakte mit ihnen pflegen, während sie sonst, wie jedes Wild, stets fluchtbereit sind. Eine derartige Prägung ist nicht sehr schwierig, wenn man die für eine Mufflonmutter typischen Pflegehandlungen möglichst gut vollzieht, wie die Milchspende, die Körperpflege mit Analmassage, das ständige Führen zum Schutz und zum Kennenlernen von Lebensraum und Äsung; und wenn man alle atypischen, aber typisch menschlichen »Pflege«-handlungen unterläßt, wie Füttern aus der Hand, Spiele, Necken usw. So war es auch möglich, von diesen Schafen wieder geborene Lämmer ebenfalls auf mich mit zu prägen – lediglich dadurch, daß die Mutter meine Nähe duldete und ich mich in den ersten Lebensstunden, -tagen und -wochen möglichst oft und lange bei Mutter und Kind aufhielt. In solchen Fällen wird der Fluchtreflex – zumindest vor *diesem* Menschen – nicht ausgelöst. Stand allerdings die nötige Zeit nicht zur Verfügung, wie in manchen Jahren, waren die Lämmer dieser Jahrgänge schon nach wenigen Tagen, und gewiß im Rudelverband, so scheu wie jedes andere Wildtier. Mit dem freilebenden Wildtier auf du und du – davon geht ein unbeschreiblicher Zauber aus, der alle dazu notwendigen Mühen und Sorgen vergessen läßt. Es ist ein unvergeßlicher Eindruck, in einem vertraut äsenden Rudel zu stehen, mit ihm zum Ruheplatz zu ziehen, die kurzen Phasen des Tiefschlafes fast in »Tuchfühlung« zu erleben, der Geburt eines neuen, kleinen Mufflons als einziger Zeuge an verschwiegener Stelle beiwohnen zu dürfen. Mit der Kenntnis der Individuen und ihrer Verwandtschaftsverhältnisse entschleiern sich einem Hierarchien und Freundschaften und, so weit es uns mit unseren Sinnen möglich ist, die unauffälligen, aber wirksamen Methoden der Verständigung und Stimmungsübermittlung. Wenn man auf diese Weise und aus nächster Nähe, und über Jahre hinweg, die Entwicklung einer freien Großtiergruppe miterlebt, besteht kein Zweifel mehr daran, daß alle diese Tiere ein gewisses »Ich-Bewußtsein« haben, das heißt, sich über ihre Größe und Form, ihr ungefähres Leistungsvermögen, ihre Stellung in der Sozietät und in gewissem Sinne auch über ihr Verhältnis zu anderen im klaren sind. Das ist in den Mutterfamilien der Mufflons ganz offensichtlich.

Zunächst wird dem jungen Lamm durch energische Kopfstöße beigebracht, daß es nirgendwo anders als bei seiner Mutter Anschluß zu suchen hat; denn die ständige Mutter-Kind-Verbindung ist im Falle einer Gefahr unbedingt lebensnotwendig. Auch die Mutter wacht stets darüber, daß auch beim lebhaftesten Lämmerspiel die Distanz nicht zu groß wird, und macht durch mahnende Rufe das Lamm auf sich aufmerksam. Später beginnt das Lamm, Bekanntschaften im Rudel und schließlich mit bekannten Rudeln zu schließen, und die Verbindung zur Mutter lockert sich, obwohl sie das Leben lang erhalten bleibt. Bald merkt es, daß es nicht nur vergnüglicher ist, mit anderem Jungwild

Wildschweinskizzen, Kreide und Deckfarben, 22,3 × 20,2 cm

zusammenzusein, sondern auch die Charaktereigenschaften älterer Schafe üben eine Anziehungskraft aus. Von zwei der handaufgezogenen Mufflonschafe erwies sich eines von Beginn an mir gegenüber als freundlicher, anhänglicher und aufgeschlossener, während sich das zweite distanzierter, eigenwilliger, man müßte sagen reservierter verhielt. Es zeigte sich später, daß nicht nur ich diesen Eindruck hatte, denn bis heute ziehen es auch andere Mufflons vor, sich dem Rudel des erstgenannten Stükkes anzuschließen, während das Rudel des zweiten immer vergleichsweise klein bleibt. Auch die eigenen Nachkommen gehen dadurch gelegentlichen unerwarteten Seitenhieben und Vertreibungen von der Fütterung oder aus dem freigeplätzten Ruhebett aus dem Wege.

Und es ist ganz sicher, daß auch dem Menschen verständliche Körperhaltungen und ein durchaus nicht ausdrucksarmes Mienenspiel von den Artgenossen als das aufgefaßt werden, was sie ausdrücken sollen – Aufforderung zum Spiel oder Streit, Ausdruck der Sympathie oder Abneigung. Es ist schwer, hier die Grenze zur Vermenschlichung des Tieres zu ziehen, das bestimmt zu keiner Selbsterkenntnis im Sinne einer Analyse fähig ist; doch wird sicher nicht das Problem dadurch gelöst, daß wir dem menschlichen Bewußtsein ähnliche und von uns als solche erkennbare Erscheinungen beim Tier prinzipiell leugnen, weil sie sich noch einer unwiderlegbaren Beweisführung entziehen. In einer anderen Versuchsanstellung habe ich über mehrere Jahre hinweg eine Gruppe von Wildschweinen in einer speziell dazu gebauten großen spiegelbildlich angelegten Gatteranlage beobachtet, die nie in ihrem Leben den Menschen als positiv oder negativ wirkenden Einflußfaktor auf ihr Dasein kennenlernten. Das Ziel der Untersuchung bestand in der Erforschung der vom Menschen nicht beeinflußten Tagesperiodik, individueller Verhaltensweisen und von Interaktionen in der Rotte. Neben der Geräumigkeit der Anlage bestand der Unterschied zur Haltung in einem Zoologischen Garten vor allem darin, daß für diese Wildschweingruppe der Mensch keinen anderen Stellenwert einnahm als sonst vielleicht ein Rudel Rotwild im gleichen Einstand – er war weder Feind noch Nahrungsspender, höchstens gelegentlicher Störenfried beim An- und Abwechsel am geräusch- und geruchsisolierten Hochsitz.

Das Wesen des Tieres offenbarte sich hier in einer noch anderen Weise. Gewohnt, weder auf Feinde noch auf Futtersorgen Rücksicht nehmen zu müssen, richtete sich unsere Gruppe ihren Lebensrhythmus und Tagesablauf ganz nach Belieben ein. So waren unsere Versuchssauen ausgesprochene Bequemlichkeitsfanatiker und Langschläfer. Obwohl die Schlafkessel, wie auch Beobachtungen aus der Wildbahn zeigen, nach Möglichkeit immer wieder benutzt werden, war es doch fast stets ein Zeremoniell, die Nachtruhe vorzubereiten – mit Herbeitragen von abgebissenen Grasbüscheln oder Kiefernzweigen, Bodenlockern und Aufmulden des Randes, bis schließlich zum nie ohne Streit und mehrmaligem Platzwechsel erfolgenden Einschieben und Zurechträkeln. Selbstverständlich ruhten unsere Sauen fast die ganze Nacht, denn in ihren früher sumpfigen Heimatgebieten hätten sie wohl auch kaum eine solche Nachtaktivität entfalten können, wie sie es heute unter der Allgegenwart des Menschen tun. Eine wesentliche Komponente des Wohlbefindens ist der möglichst enge Körperkontakt, weshalb der Mittelplatz im Kessel besonders begehrt und umstritten wurde. Es wird vermutet, daß infolge dieses Kontaktes eine familienspezifische Geruchskomponente entsteht und übertragen wird, die den Zusammenhalt fördert und gegenüber anderen Wildschweinrotten abgrenzt. Das Aufstehen am Morgen fiel ihnen gewöhnlich schwer, und oft brauchte es fast eine Stunde von der ersten Regung bis zum Erheben auch des letzten Stückes. Im Winter wurde prinzipiell nach dem Wetter geschaut und möglichst gewartet, bis die Sonne etwas Wärme oder zumindest Licht in die Landschaft brachte, während heiße Sommertage lieber einen ausgedehnten Abendbummel als ein Aufstehen mit dem ersten Tau empfahlen. Es ist auch unter solchen Bedingungen schwer zu entscheiden, wann Wildtiere überhaupt fest schlafen. Wenn Sauen ebenfalls solche Tiefschlafphasen haben, wie ich sie bei den Mufflons erlebte, müssen sie in die lange Nachtruhe eingebettet sein. Am Tage ermittelte ich stets nur einen Zustand, der eher einem Dösen ähnelte, denn auch scheinbar fest und lange schlafende Sauen zeigten doch durch ein Zucken mit dem Teller bei einem entfernten Hähergeschrei an, daß nicht alle Sinne abgeschaltet waren. So blieb auch bei unseren behüteten Pfleglingen der Funktionskreis der Feindvermeidung unterschwellig vorhanden und sicher leicht zu wecken. Das Filtervermögen der Sinnesorgane ist außerordentlich fein, die Reizschwelle sehr variabel und gewöhnungsabhängig. Das überzeugendste Beispiel dafür lieferten mir meine Mufflons. Beim täglichen Zusammensein mit ihnen bediente ich Fotoapparat und Filmkamera ohne Vorsichtmaßnahmen; das Klicken und Surren in unmittelbarer Nähe gehörte für sie zu meinem gewohnten Umfeld. Eines Tages wollte ein Kameramann meine Gruppe und mich gemeinsam filmen. Dazu wurde er auf einen geschlossenen Hochsitz plaziert, zu dem wir langsam äsend zogen. Nachdem wir uns auf etwa 30 Meter genähert hatten, setzte, für mich unhörbar, auf dem Hochsitz das Surren der Kamera ein. Obwohl eben noch das gleiche Geräusch von mir selbst erzeugt worden war, warfen die Mufflons sichernd auf, zogen sich zurück und waren selbst durch mein betont sorgloses Verhalten nicht zu bewegen, wieder in die Nähe des Hochsitzes zu kommen. Die Trennung des Geräusches von meiner Person war ihnen unheimlich und weckte ihren Fluchtinstinkt.

Diese Beispiele belegen wohl, daß es ein normierbares Verhalten des Tieres gegenüber dem Menschen nicht gibt. Instinkt, Erfahrung, Prägung und Umweltsituation schaffen unzählige Varianten, die zudem noch nach Tierarten differenzieren. Dominierend dabei ist das Verhalten des Menschen; das des Tieres ist meist nur die Reaktion darauf.

Fluchtgeprägt ist das Verhalten des Wildes in unseren Wäldern und Feldern zu fast jeder Zeit; stets sind die Sinne gespannt auf gefahrdrohende Geräusche, Gerüche oder Bewegungen gerichtet; Ruhe und Bewegung stehen Tag und Nacht unter dem Zwang, der Begegnung mit dem Menschen auszuweichen.

Die gleiche Tierart aber kann in Gebieten, in denen sie dem Jagdschutz unterliegt und keine anderen Feinde weiß, sich dem Menschen gegenüber weitgehend indifferent verhalten; ihm sogar in nächste Nähe folgen, wenn er eine lukrative Nahrung anbietet. Im Zoo kann der Mensch schließlich das Leben und Verhalten positiv dominierend bestimmen, indem er alle Sorgen vor Verfolgung nimmt und durch Futtergabe und Ablenkung angenehme Reize setzt. In jedem dieser Beispiele hat der Mensch einen anderen Stellenwert im Lebenskreis des Tieres, das sich dementsprechend einrichtet. Der bei der leisesten Störung eiligst flüchtende Rehbock ist nach Gewöhnung an den Menschen im Gatter ein beachtlicher Gegner, der den Eindringling in sein Territorium schonungslos angreift. Dem Keiler unserer erwähnten Versuchsgruppe, der schließlich etwa das doppelte Lebendgewicht eines Menschen erreichte, war es ziemlich gleichgültig, wenn ich in seiner Nähe einmal das Gatter durchquerte; er fixierte mich dann nur mit dem undurchdringlichen Blick des Wildtieres und sorgte dadurch von selbst dafür, daß ich eine Reizdistanz nicht unterschritt und meine Besuche nach Möglichkeit kurz hielt.

Durch die eingangs genannte Barriere der Anonymität des Wildtieres zu dringen, ist daher ungewöhnlich schwer. Für den Jäger ist das Verhalten »des« Wildschweines etwas ganz anderes als für den Zoobesucher oder den Tierfreund im Walde mit Brotkorb und Futtereimer – und alle können richtig beobachtet haben. Es sollte uns aber nicht fremd sein, daß die Umwelt nicht nur auf den Menschen prägend wirkt, sondern auch beim Tier unterschiedliche Lebensweisen und Erfahrungen das Verhalten mitbestimmen.

Darüber hinaus aber ist es ungemein reizvoll zu wissen, daß die Vielzahl der für uns nach Aussehen und Verhalten fast gleichen Tiere aus für ihre Artgenossen durchaus unterschiedlichen Persönlichkeiten besteht. Wohl nur wenigen Spezialisten wird es vorbehalten bleiben, sich freilebenden Wildtieren so weit zu nähern, daß sie wenigstens eine Ahnung von ihrer dem Menschen fremden und doch entwicklungsgeschichtlich noch nahen Psyche erhalten. Dabei gibt es, um noch einmal Hediger zu zitieren, für die Tierpsychologie kein natürlicheres, elementareres Ausgangsmaterial als die Wildtiere. Sie bilden die Grundlage und den Maßstab, die Norm für alle Beurteilungen tierlichen Verhaltens.

Vielleicht bedarf es einer Erläuterung, daß die hier geschilderten Untersuchungen und der daraus abgeleitete Standpunkt von einem Vertreter der Jagd geschrieben wurden.

Das Wild, wie es uns heute noch in Freiheit begegnet, ist Ergebnis eines unendlich langen, harten Ausleseprozesses, bei dem sich in ständiger Auseinandersetzung mit der Umwelt Körper und Psyche formten. Bei aller – aus menschlicher Sicht – gegebenen Härte gegenüber dem Individuum hat diese Auslese der erfolgreichen Entwicklung und Anpassung der Arten an ihre sich ständig ändernde Umwelt gedient. Diese hat sich aber im letzten Jahrtausend, und immer schneller verlaufend, so rasch und einschneidend verändert, daß der natürliche genetische Gang der Auslese schon nicht mehr folgen

Rothirsch, Bleistiftstudie, 20,6 × 25,7 cm

kann. Viele Tierarten gehen trotz vollständigen Schutzes und intensiver Hege zurück, andere vermehren sich als Kulturfolger, obwohl sich die Jäger um ihre Reduzierung bemühen; nicht nur, weil sie Schäden in Wald und Feld anrichten, sondern weil sie selbst unter zu großer Populationsdichte leiden, erkranken, hungern, kümmern. Deshalb ist es undenkbar, in Freiheit lebendes Wild haben zu wollen, aber die jagdliche Regulierung in Frage zu stellen. Auch aus biologischer Sicht – von der hier nur die Rede sein soll – benötigen Wildtiere für ihre Fortexistenz, die Erhaltung und Weiterentwicklung ihrer Sinnesleistungen und Körperkräfte die Anwesenheit und den Eingriff des Feindes – und das kann für viele Arten der Kulturlandschaft nur der Mensch sein. Wenn es um die Erhaltung des Wildes geht, gibt es zur Jagd keine Alternative. Mit Recht zu fordern aber ist, daß die Jäger ihrer Aufgabe verantwortungsbewußt auch gegenüber dem Tier nachkommen, indem sie die Populationen in einer der Umwelt angemessenen Höhe halten, natürliche Populationsstrukturen gewährleisten, sicher schießen, unnötige Beunruhigungen vermeiden und dem Wilde helfen, Notsituation zu überwinden.

Rothirsch, Tuscheskizze, 18,4 × 19,1 cm

Reh, Kreide und Kohle, 22,7 × 23,4 cm

Röhrender Rothirsch, Kreideskizze, 14,6 × 20,7 cm

Rehstudien, Deckfarben und Kreide, 23,4 × 29,2 cm

Wisente im Urwald von Białowieża

Vor 20 000 Jahren bedeckten ganz Europa Urwälder, in denen neben Auerochsen, Mammuten, behaarten Nashörnern und Wildpferden auch Wisente lebten. Auf den Wänden der vom vorgeschichtlichen Menschen bewohnten Höhlen finden wir zahlreiche Wisentdarstellungen.

Gegen Ende der Eiszeit war der Wisent in Europa von der Skandinavischen Halbinsel bis zu den Balkan- und Apeninnenhalbinseln weit verbreitet. Doch mit der Verminderung der Waldflächen ging auch sein Bestand zurück, die Existenz der Art geriet in Bedrängnis.

Schon im 8. Jahrhundert starb der Wisent in Südeuropa aus. Im 10. Jahrhundert verschwand er aus der Schweiz und dem Harz. Im 11. Jahrhundert konnte man ihn noch in Frankreich antreffen, in Schweden war er gegen Ende dieses Jahrhunderts nicht mehr zu finden. Das gleiche Schicksal erlebte er im 12. Jahrhundert in Britannien. Im 14. Jahrhundert gab es schon in den pommerschen Urwäldern keine Tiere mehr, und in den brandenburgischen Wäldern existierten nur noch wenige.

In Ostpreußen wurden unter Wilhelm I. die Wisente unter Schutz gestellt, starben aber trotz allem gegen Ende des 18. Jahrhunderts aus. In der gleichen Zeit gingen sie auch in Siebenbürgen unter. Bis ins 19. Jahrhundert überlebten diese Tiere nur an zwei Stellen Europas: in Polen (vor allem im Białowieżaer Urwald) und im Kaukasus.

Die Zahl der Wisente ging trotz gewisser Beschränkungen der Jagd auf sie unaufhaltsam zurück. In Gallien ließen die Könige all denjenigen den Kopf abschlagen, die bei der Wisentjagd ertappt wurden. Im 16. Jahrhundert verkündete der polnische König Sigismund August, als er das schnelle Aussterben der Wisente sah, ein Dekret, das die Jagd auf sie ohne königliche Erlaubnis unter Todesstrafe stellte. Gleichzeitig verfolgte man die Tiere weiterhin, die Kraft und Majestät der Wisente wirkten anziehend wie ein Magnet. Sophia, die Gattin Augusts III., erlegte eigenhändig 20 Wisente. Auf einem Obelisk im Białowieżaer Urwald befindet sich folgende Aufschrift: »Am 27. September 1752 hielten der König von Polen und Kurfürst von Sachsen mit Ihrer Majestät der Königin und Ihren Majestäten, den Prinzen Xaver und Karl, hier eine Wisentjagd ab und erlegten 42 Stück, darunter 11 große, von denen der mächtigste 14 Zentner und 53 Pfund wog, 7 kleinere, 18 Wisentkühe, 6 Junge und 13 Elche ..., 2 Rehe, Summa 57 Stück«.

1900 streckte man auf einer kaiserlichen Jagd 45 Wisente nieder. Die letzte legale Jagd organisierte 1913 der Zar Nikolaus II. im Urwald von Białowieża. Während des 1. Weltkrieges schossen Soldaten sinnlos auf die Tiere, wodurch 300 von ihnen starben. 1921 wurde der letzte Wisent des Białowieżaer Urwalds von einem Wilderer erschossen, womit die tausendjährige Geschichte der Jagd auf dieses königliche Tier ein Ende fand.

Ähnlich erging es dem Wisent im Kaukasus. Nur in den Zoologischen Gärten erhielten sich noch einige wenige Exemplare dieser Unterart.

Aktionen zur Rettung des Wisents waren dringend erforderlich. Mit einer der ersten Initiativen trat Polen hervor. 1923 berichtete der bekannte polnische Naturwissenschaftler Jan Sztolman auf dem Internationalen Naturschutzkongreß in Paris über dieses Problem. Das polnische Projekt nützte die Erfahrungen der Amerikanischen Bisonschutzliga (American Bison Society), die schon eine reiche Tätigkeit entfaltet hatte und bedeutende Erfolge bei der Rettung des amerikanischen Bisons vorweisen konnte. Im August 1923 kam es in Berlin zu einem Treffen, auf dem die Internationale Gesellschaft zur Erhaltung des Wisents gegründet wurde. Zum Vorsitzenden wählte man Dr. Kurt Priemel, den Direktor des Zoologischen Gartens Frankfurt am Main. Im Vorstand befanden sich Vertreter von 16 Staaten. Die Hauptaufgabe der Gesellschaft war »die Erhaltung des Wisents durch eine geplante

Wisente, Deckfarben, Kreide und Kugelschreiber, 32,9 × 49,9 cm

Haltung und Vermehrung.« Nach Vergrößerung der Herde sollte die Züchtung und Aussetzung von Wisenten in entsprechend großen Waldkomplexen erfolgen.

Die Wisentzählung erbrachte 1924 insgesamt 66 Individuen, 33 Männchen und 33 Weibchen. Diese Tiere befanden sich in verschiedenen europäischen Tiergärten und in Privathaltungen. Genetisch einwandfrei, d. h. nach ihrer Herkunft bestimmbar, waren nur 54 Tiere, 25 Männchen und 29 Weibchen, von denen 39 in direkter Linie aus dem Białowieżaer Urwald stammten.

Um Mischlinge von der Zucht auszuschließen, wurden »Wisentahnentafeln« angelegt. Jedes reinblütige Tier erhielt eine Stammnummer und einen Namen.

Die von der Gesellschaft begonnene Auffrischungsaktion zeitigte Resultate. Neue Zuchtstämme wurden angelegt, und immer mehr Institutionen befaßten sich mit der Wiederbelebung der Wisentbestände. Der 2. Weltkrieg war für die Wisentzucht eine kritische Zeit. Viele der Tiere kamen um, aber sofort nach Beendigung des Krieges wurden erneute Anstrengungen zu ihrer Rettung unternommen.

1952 fand ein für die Wiedereinbürgerung der Wisente wichtiges Experiment statt. Auf Initiative des Direktors des Zoologischen Gartens in Warschau, Dr. Jan Żabiński, wurden zwei junge Wisentstiere mit den Namen »Pomruk« und »Popas« im Białowieżaer Urwald in die freie Wildbahn ausgesetzt. Nachdem es sich zeigte, daß die Wisente in der Freiheit gut zurechtkommen, hat man nach und nach weitere 35 Wisente im Urwald freigelassen. Die Herde vermehrte sich und zählte 1973 schon 253 Exemplare (112 Bullen und 141 Kühe). In der 2. Hälfte der 70er Jahre kamen im Białowieżaer Urwald jährlich 30 bis 40 Kälber zur Welt.

Die Wisentzahlen stiegen systematisch an und betrugen 1982 insgesamt 2448 Exemplare, davon

1258 Exemplare in Zuchtstätten und 1190 Exemplare in freier oder halbfreier Wildbahn. Mit der Hege in der Wildbahn befassen sich die UdSSR mit 715 Exemplaren und Polen mit 475 Exemplaren.

Die Wisentzahl könnte man leicht noch weiter vergrößern, hierzu wären aber große Waldflächen erforderlich. Die Beobachtungen in den Reservaten erwiesen, daß relativ kleine, von Wisenten bewohnte Waldflächen schnell zerstört werden, es kommt zu einer Vernichtung der Pflanzendecke und einer Gefährdung des biozönosen Gleichgewichts. Der Boden wird zerstampft, der Waldbewuchs verschwindet schnell, die Rinde der Bäume ist abgerissen, die Zweige sind zerbrochen, die Jungtriebe abgefressen.

Auf den ersten Blick hat es den Anschein, als seien die Wisente phlegmatisch, geraten sie aber in Gefahr, können sie schnell zum Galopp übergehen und sind erstaunlich beweglich, wobei sie auch sehr gut zu springen vermögen. So ereignete es sich, daß ein erwachsener, 1000 kg schwerer Stier fast ohne Anlauf mühelos über einen zwei Meter hohen Zaun sprang.

Die Herde leitet das größte und stärkste männliche Tier. Einmal im Jahr kommt es zu zwei bis drei Tage dauernden Kämpfen. Wenn der bisher die Herde anführende Stier unterliegt, muß er sie verlassen und lebt dann einsam. Dieses Schicksal ereilte auch den Führer der Wisentherde im Bieszczady-Gebirge (Südostpolen), »Pulpit«. Nach dem verlorenen Kampf verließ er die Gebirgswälder und begann Südpolen zu durchwandern, kam in die Dörfer und Siedlungen, zertrümmerte mit seinem riesigen Kopf Scheunen und Ställe. Schließlich gelangte er in die Kleinstadt Lesko, wo er Zerstörungen anrichtete. Er beschädigte Kioske und Buden, ängstigte die Bevölkerung. Dieser Ausflug endete in einem Reservat, aus dem er, von einem anderen Stier bedroht, entfloh. Auf seiner neuen Wanderung besuchte er wieder Kleinstädte, in denen er die Äste in den Parkanlagen abbiß und die Nächte z. B. in einem Sportstadion zubrachte. Zu guter Letzt durchschwamm er den San und verschwand in den Wäldern. Später wurde er im Niepołomicer Urwald bei Krakau heimisch. Hier wurde er, nachdem er in fast zweiwöchigen, verbissenen Kämpfen den dortigen Leitbullen »Purytan« überwunden hatte, der Führer der Herde. Da diese Herde sich aber nicht zufriedenstellend entwickelte, wurde er in den Krakauer Zoo gebracht.

Der europäische Wisent (Bison bonasus) und der amerikanische Bison (Bison bison) sind eng miteinander verwandt. Beide Arten haben eine gemeinsame Heimat. Die Vorfahren der Wisente und Bisons bewohnten den eurasischen Kontinent und wanderten über die damals noch bestehende Landverbindung, die Beringstraße, nach Amerika ein.

Die Geschichte des Bisons ist ebenso tragisch, wie die des europäischen Wisents. Früher war dieses Tier in den Prärien und den lichten Wäldern Nordamerikas allgemein verbreitet. Riesige, Tausende von Tieren umfassende Herden durchwanderten auf der Suche nach guten Weideplätzen das Land. Man schätzt, daß in Nordamerika ungefähr 50 Millionen Bisons lebten. Diese Tiere waren die Lebensgrundlage zahlreicher Indianerstämme.

Im 19. Jahrhundert ging im Ergebnis der zahlreichen, in sinnlose Blutbäder ausartenden Jagden die Zahl der Bisons schnell zurück. 1889 gab es in Nordamerika nur noch 541 Bisons.

1905 kam es im Zoologischen Garten von New York zu einem Treffen, auf dem die Amerikanische Bisongesellschaft gegründet wurde. Kurz darauf entstanden Reservate und Parke, in denen man eine intensive Bisonzucht begann, wodurch sich die Tiere so schnell vermehrten, daß in den siebziger Jahren unseres Jahrhunderts in den USA und in Kanada wieder rund 30 000 Bisons lebten.

Kaffernbüffelstudien, Bleistift, Kreide und Deckweiß, 22 × 29 cm

Kaffernbüffel, Bleistift und Kreide, weiß gehöht, 18,7 × 24,2 cm

Büffel, Bleistift, Kreide und Deckweiß, 23,7 × 24,3 cm

Büffel, Tuscheskizze, 19,7 × 22 cm

Zebu und Zebukalb, Kreide und Deckweiß, 20,9 × 27 cm / Kreide, 15,3 × 19 cm

Wisente, Deckfarben und Kreide, 18,8 × 30 cm

146

Bison, Deckfarben, 12,5 × 9,3 cm

Bison, Kreide, laviert, 23,1 × 25,7 cm

Podolisches Rind, Kreide und Deckfarben, 20,8 × 25,5 cm

Karl Elze

Leipzig

Zootiere – meine Patienten

Ohne ein »Du auf du« mit jedem einzelnen Patienten ist dem Zootierarzt weder eine gute Krankheitserkennung noch eine dem Krankheitsverlauf optimal angepaßte Behandlung möglich. Sowohl die ausdrucksvolle Darstellung wie die naturgetreue Wiedergabe eines Tieres durch den Künstler als auch eine treffsichere Diagnostik und Behandlung durch den Tierarzt erfordern von beiden gleichermaßen hohes Wissen über Bau und innere Lebensvorgänge wie breite Kenntnisse hinsichtlich des spezifischen Verhaltens der Arten und der Einzeltiere je nach Geschlecht und Alter in unterschiedlichsten Situationen und Umgebungen. Das ist aber nur die Basis und nicht das Besondere. Beide benötigen die Gabe des besonderen Sehens, Hörens und Fühlens, ja der Wahrnehmung auch der minimalsten, vom Wildtier sehr gern noch versteckten Abweichungen vom Normalablauf der inneren Lebensvorgänge. Das heißt, schon die ersten Vorboten einer beginnenden Erkrankung sowie später auch die ersten Zeichen der beginnenden Genesung müssen erfaßt und registriert werden.

Mit der Wahrnehmung dieser feinen Zeichen und dem Verstehen der wiederum individuell auch noch sehr differenzierten »Zeichensprache« ist das »Du« zwischen Patient und mir geschlossen. Erst jetzt können wir schnell die richtige Diagnose stellen und mit guten Erfolgsaussichten gemeinsam den Gegner, die Krankheit, angehen. Neben der Hauptbehandlung ist es möglich, entsprechend dem mir vom Tier durch »Feinzeichensprache« gemeldeten Stand des inneren Krankheitsverlaufes die spezifischen Unterstützungsbehandlungen meinerseits sehr differenziert, je nach individueller Reaktionslage und dem Krankheitsverlaufsgrad sowie -tempo einzusetzen.

Damit beantwortet sich auch gleich die mir und vielen Tierfreunden immer wieder gestellte Frage »Woher wissen Sie denn, was dem Tier fehlt? (Besser gesagt, was das Tier hat!) Die Tiere können Ihnen doch nicht sagen, wo es ihnen weh tut!« Das Postulat der Frage stimmt nicht völlig, die Tiere können zwar ihre Krankheitsempfindung nicht mit Worten, aber sehr gut und so differenziert, wie es sich der Laie kaum vorstellen kann, mit Zeichen ausdrücken.

Da die Tiere der einzelnen Arten, weibliche und männliche, sowie auch Tiere verschiedenen Alters eine sehr variable »Zeichensprache« besitzen, besteht mit jedem Patienten in den ersten Minuten und Stunden unseres Zusammentreffens – nur in seltenen Einzelfällen darf und kann es einmal Tage dauern – zwecks Ausschluß oder Früherkennens einer Erkrankung erneut ein Abtasten, ein Bemühen um den Abschluß einer sogenannten »Partnerschaft auf Krankheitszeit«.

Ob diese von mir mit den Patienten geschlossenen »Du-auf-du-Verhältnisse« nach der Genesung des Einzeltieres noch bestehen bleiben, von mir längere Zeit gepflegt werden oder fürs ganze Leben beständig sind und wie oft mir diese Fühlungnahme, diese Vertrautheit mit dem Tier gelingt, sind weitere Fragen.

Ich beginne mit dem letzten und schwierigsten Teil der Frage. Ja, ich glaube, es gelingt mir bei den meisten meiner Patienten. Die Voraussetzungen dazu sehe ich neben dem erforderlichen Fachwissen in der ständigen Pflege und im ununterbrochenen Training des – wie man so schön sagt – »mitbekommenen« Sinnes für das Verstehen der Tiere. Und ich bin froh, daß ich eine große Portion Tierliebe und das gewisse Gefühl für den Umgang mit Tieren in die Wiege gelegt bekam. In der Tierbeobachtung und in der Unterhaltung mit den Tieren übte ich mich von frühestem Kindesalter an täglich von früh bis spät bei der Pflege und Fütterung der Tiere. Das war völlig natürlich und gar nicht außergewöhnlich, wenn man in einem kleinen vogtländischen Dorf aufwuchs. Schon als Säuglinge begleiteten wir Vater, Mutter und ältere Geschwister auf

Schritt und Tritt als »Huckepack« oder in einem kleinen Handwagen überallhin auf Hof, Feld und Wiese und zur Fütterungszeit natürlich auch in die Ställe. Dort saßen wir entweder in einem Strohhaufen und beobachteten, wie die Eltern »auf du und du« liebevoll mit den Tieren umgingen oder versuchten Beobachtetes beim Umgang, beim Spiel mit Kätzchen, Zicklein und auch bald Kälbchen selbst in Anwendung zu bringen. Man lernte auch sehr schnell, wenn etwas nicht gleich klappte beim Umgang, der ja vorerst immer auf Zähmung und engste Bindung ausgerichtet war, das man noch besser beobachten mußte und sich die Bedeutung der kleinsten Reaktion der Tiere verschiedener Arten wie Vokabeln merken mußte. Je größer dieses »Vokabularium«, um so besser kann man sich verstehen. Das heißt, sich Zeit nehmen für die Beobachtung gesunder wie kranker Tiere ist für alle Menschen, die aus beruflichen oder sportlichen Gründen oder nur zur Freude und Freizeitgestaltung Tiere pflegen, halten oder züchten, überaus wichtig. Dies ist für jeden Studenten der Veterinärmedizin und für jeden Tierarzt die Grundlage auch für die richtige Einschätzung des Wohlbefindens der Tiere.

Aus einigen dieser – besonders während gefahrvoller und langzeitiger Erkrankungen – in schwerem gemeinsamem Ringen um die Genesung hervorgegangenen »Du-auf-du-Verhältnisse« entwickeln sich aus meiner Sicht echte Hingezogenheiten und eine bleibende Freude. Es ist gewissermaßen eine »Dankbarkeit« an das Tier. Dafür, daß es so tapfer mitgearbeitet hat gegen die Erkrankung, denn bei jedem Heilprozeß muß der Patient mittels seines Kreislaufes und seines Stoffwechsels sowie der unspezifischen und spezifischen Abwehrsysteme neben der tierärztlichen Hilfe selbst sehr viel zur Genesung beitragen.

Ohne Vernachlässigung der anderen und bei Wahrung aller Gerechtigkeit habe ich als Zootierarzt unter meinen Tieren auch einige Lieblingskinder. Ihr Werdegang kann ganz verschieden sein, die einen wurden bei einer Schwergeburt gerade noch durch meine Hilfe lebend zur Welt geholt, die anderen zogen mich durch ein besonderes Aussehen oder ihr besonderes Verhalten an, und schließlich wurden es andere im gemeinsamen Kampf gegen Krankheit und Tod.

Nun möchte ich versuchen, den Formenreichtum dieser besonderen Tier-Mensch-Beziehungen so bildhaft wie möglich zu zeigen.

Der nächste bitte: Da war eine unserer bewährtesten alten Zuchttigerinnen, die Amurtigerin »Kerula«. Sie war eigentlich gesundheitlich stabil, gebar über viele Jahre jeweils bis zu fünf Tigerbabys und zog diese verlustlos auf. Dennoch mußten wir beide ständig in »engstem Kontakt« stehen, denn sie war betreffs der Verdauung etwas labil. Plötzlich hatte sie im November 1971 mehrmals erbrochen. Es war auch ein wenig unverdautes Fleisch im Kot. Schon war ihr sonst heller Blick, Augenschein, eine Nuance trüber und die Antwort auf mein »Hfffffff« nur ein sehr verkürztes »Hfff«. Das war für mich schon höchste Alarmstufe, es waren erste Zeichen einer schweren Tigerkrankheit. Diese im Anfangsstadium zu überhören, kann sehr schwere Folgen haben.

Jetzt galt es, sofort, solange sie noch Interesse am Futter hatte, mit Leckerbissen die »richtige« Medizin, die »hilft« und der Tigerin »gut schmeckt«, einzugeben. Es gelang, und bereits im Januar 1972 ließ sie sich wieder in guter Kondition und mit viel Charme von unserem besten Tigerkater »Sibir« mit Erfolg den Hof machen.

Nicht selten kommt es vor, daß besonders in den späten Frühjahrsmonaten wie auch noch während des Sommers ein Elefant plötzlich das Futter verweigert. Ist eine schwere Allgemeinerkrankung im Anzug? Nein! Bei ruhiger Beobachtung sieht man, daß er die Hinter- und Vorderbeine enger unter sich gestellt hat und öfters ein hinteres Bein ein ganz klein wenig anzieht. Leicht läßt sich diese Zeichensprache verstehen: Bauchschmerz, der noch nicht so stark ist oder den das Tier noch nicht so deutlich zeigen möchte! Verdachtsdiagnose: »Sandkolik«! Entsprechende Behandlung mittels Spritzen oder Eingaben! Am nächsten Tag früh die Erlösung, nach wenigen Kotballen wird eine große Menge Sand abgesetzt, die das Tier – unwissend der Gefahr – aufgenommen hatte.

Fünf bange und schwere Tage am Krankenlager meiner Lieblingselefantenkuh »Rhani«. Plötzlich

Rotfuchs, Deckfarben und Kreide, 13,1 × 19,7 cm

zeigt sie am 15. September 1961 zunehmende Lähmungserscheinungen der Gliedmaßen, des Rüssels, der Backen- und Zungenmuskulatur sowie Kau- und Schluckbeschwerden. Die Gesichtsmuskulatur ist verkrampft, starkes Speicheln und Unvermögen, mit dem Rüssel gezielt zu greifen werden beobachtet. Ab und an kann sie sich nicht mehr auf den Beinen halten und läßt sich auf die Seite fallen. Ich komme vom 15. bis 19. September kaum eine Stunde von »Rhanis« Krankenlager weg. Am 17. 9. mittags schöpfe ich den Verdacht einer »Botulismusintoxikation«. Diesmal hatte die innere Kontaktfindung zwei Tage gedauert, kein Wunder bei so einem seltenen Krankheitsgeschehen. In der Nacht vom 17. zum 18. werden dem etwa 18 dt schweren Tier 2 l (40 × 50 ml) Botulismus-Antitoxin-Serum, Typ AB, in den Muskel bzw. unter die Haut gespritzt. Es war bis auf leise Abwehrlaute von »Rhani« totenstill im Dickhäuterhaus. Unseres Wissens war sie der erste Elefant, der Botulismus-Antitoxin-Serum erhielt.

Ab 18. 9. 61 zeigte das Tier beginnende Besserung, und heute ist sie der schwerste Koloß in unserer Herde. Sie ist und bleibt sicherlich stets meine besondere »Freundin« in der Elefantengruppe. Sie ist auch ein besonders gutmütiges, liebes Tier.

Am 22. April 1987 geschah in unserem Zoo etwas sehr Erfreuliches, aber zu dieser Zeit völlig Unerwartetes. Die Brillenbärin »Dike« gebar auf der Freianlage, zu dieser ungewöhnlichen Zeit (Brillenbären gebären in der Regel in den Monaten Dezember bis Februar) ein Jungtier. Da sie es selbst nicht zog, kam das 315 g wiegende Bärenkindchen in die Familie unseres erfahrenen Oberinspektors Schuldei zur Flaschenaufzucht.

Bis zum 16. 5. 87 gedieh es wundervoll ohne jegliche Gesundheitsstörung. Es bekam die ersten Tage 10–12 Mahlzeiten, begonnen mit 10 g eines Milch-Kamillentee-Gemisches. Allmählich steigerten sich dann die bald aus reiner Milch bestehenden Rationen. An dem genannten 16. Mai, abends gegen

19.30 Uhr, ruft mich Herr Schuldei an, »Seit einer Stunde baut unser ›Kleiner‹ völlig ab. Er hat die letzte Mahlzeit verweigert, der Stuhl ist plötzlich wäßrig grüngelb, im ganzen ist er völlig schlaff und welk, das Bäuchlein ist prall gespannt, er quäkt – zwar leise – aber anhaltend«. »Verstehe, komme sofort zu Ihnen«. Eingetroffen: Da lag das kleine Bärchen. Der Befund war der gleiche, wie wir eben hörten, höchst ernst.

Schnell fuhren wir in unsere Tierklinik; denn das Bild sprach für eine schwere, möglicherweise durch eine im Dünndarm erfolgte Anreicherung fakultativ krankmachender Kolikeime, Darm- und Allgemeinerkrankung der jungen Säugetiere. Sofort führte ich die in diesen Fällen erforderliche Behandlung durch. Mehrere Injektionen mußte der kleine Kerl erhalten.

Danach wurden 4 Stunden Bettruhe und folgende laufende Diätgaben (Tee plus Elektrolyt-Glukoselösung) in Minimengen verordnet. Schnell, wie es bei den so wenig Körpergewicht mitbringenden Tierbabys sein muß, hatte sich das Befinden bis zum Morgen des 17. Mai wesentlich gebessert. Die Austrocknung war gestoppt, die Diätgaben (Flüssigkeits- und Energiezufuhr!) wurden fast mit gutem Appetit genommen. So hatte am 18. Mai abends nach wiederholten Nachbehandlungen das Bärlein und wir das akute Krankheitsgeschehen wieder in Beherrschung. Ich verabschiedete mich gegen 21 Uhr beruhigt von Familie Schuldei; es wurde auch höchste Zeit, denn um 24.00 Uhr fuhr unser Zug nach Berlin. Dr. Eulenberger, mein engster und langjähriger Kollege im Leipziger Zootierärzteteam und ich wollten am 19. Mai früh nach Großbritannien starten, um am 29. Internationalen Symposium über die Erkrankungen der Zoo- und Wildtiere teilzunehmen.

Jetzt passierte etwas ganz Fürchterliches, gegen 22 Uhr meldete Herr Schuldei, daß das Bärenkind beim Ausputzen plötzlich einen Darmvorfall in der Länge von etwa 4 cm bekommen habe. Dr. Eulenberger, der den Koffer schon fertig gepackt hatte, fuhr auf der Stelle zu unserem Bärenpatienten und lagerte den Darm behutsam zurück. Als ich ankam, legte er dem kleinen Kerl gerade noch die erforderliche Tabaksbeutelnaht zum weitgehenden Verschluß des Anus. Jetzt war es auch schon 23 Uhr. Ich packte meinen Koffer schnell um, ließ mein Auto bei Schuldeis vor der Türe stehen, Frau Eulenberger brachte uns in Windeseile zum Zug – gerade noch geschafft. Im Flugzeug und in Cardiff waren unsere Gespräche oft bei unserem kleinen Patienten, jetzt in den Händen unseres Teamkollegen Dr. Selbitz.

25. Mai – Ankunft in Leipzig – vom Hauptbahnhof ging's per Straßenbahn sofort zuerst zu Schuldeis. Oh, welche Freude, das Bärenkind begrüßte mich zufrieden mit einem freundlichen Summton! Dieses, wenn auch nur wenige Tage währende, Bangen und Ringen um das Leben dieses Tierbabys, hat eine innere Bindung von mir zu ihm ausgelöst, die ihn auf seinem ganzen Bärenlebensweg begleiten wird.

Bevor ich die Zeilen niederschrieb, besuchte ich ihn nochmals. Mit seinen 77 Tagen Erdendasein und 3400 Gramm Körpergewicht war er zu dieser Zeit bereits ein richtiger »süßer kleiner Teddybär« mit »Brille«!

Sonntagnachmittag – Telefon: »Schnell, schnell, Herr Doktor, der Nashornvogel hat etwas im Hals, der erstickt!« Was soll das wieder sein? Der Vogel sitzt mit offenem Schnabel sehr wackelig in der Voliere. »Aha, was liegt denn hier am Zaun? Zwei Drops!« »Ja, ja«, sagt Frau Taatz, die Revierpflegerin, »der nimmt gern Bonbons von den Besuchern!« Schnell hatte sich unser Verdacht bestätigt. Man fühlte in der Mitte der Speiseröhre einen Drops wie ein kleines Rad. Er ließ sich nicht hinuntermassieren. Schnell führten wir eine Magensonde ein und gossen etwas warmes Wasser nach. – Jetzt plötzlich ließ sich der Drops in der Speiseröhre nach unten schieben. Unser Nashornvogel war sofort befreit. Wenn solche Situationen von unseren Besuchern miterlebt würden, verzichteten sicher alle auf eigenmächtiges, unerlaubtes Füttern der Zootiere.

Ein wunderschöner Python frißt nicht mehr gut, magert ab und hat eine bei Reptilien öfter vorkommende Beulenbildung an der Unterseite kurz hinter dem Kopf. Vier Männer halten die etwa 3,5 m lange Riesenschlange lang ausgestreckt. Der Tastbefund ergibt einen fluktuierenden (mit Flüssigkeit angefüllten) Abszeß. Ich greife zum Skalpell – spalte den Abszeß – tränke einen Tupfer mit einer Sulfonamidlösung und will die Abszeßhöhle reinigen. Die Handbewegung vor dem Kopf der Schlange ist zu schnell. Sie schießt in Blitzeseile etwa 40 cm vor, erfaßt Zeige- und Mittelfinger meiner rechten Hand und spannt diese in ihrem Maul ein, wie – in einem Schraubstock! – Es war ein echtes Mißverständnis, zum Glück das einzige dieser Art in 30 Jahren. Für mich aber auch ein sehr unangenehmes Gefühl! Die stecknadelfeinen, in dichten Reihen nach hinten gerichteten Zähne hatten fest eingeschlagen! Mit großer Mühe drücken ein Kollege und ich das Maul des Tieres auf, so daß ich mich mit Vorsicht, ohne Zähne auszubrechen, die die Wundheilung hätten verschlechtern können, nach etwa 5 Minuten befreien kann. Nach dem Desinfizieren mußte ich mich sofort in ärztliche Behandlung begeben. – Es ging wieder einmal gut! Alles per primam, d. h. ohne Eiterungen geheilt.

Am 15. Oktober 1880 erblickten in der Messestadt Leipzig die ersten Löwenbabys das Licht der Welt. Bis zum heutigen Tag muß ab und an ein Jungtier, besonders von Erstlingsmüttern, die noch nichts Richtiges mit ihren Babys anzufangen wissen, künstlich aufgezogen werden. Dieses Los fiel auch dem am 30. 9. 1961 von »Ossy II« geborenen Löwenmädchen zu. Es war sieben Tage alt, als nachts gegen 0.30 Uhr bei mir das Telefon klingelte. Fräulein von Einsiedel, die Löwenvizemutter, am Apparat: »Unser Löwenmädchen ist nicht in Ordnung! Es trinkt nicht, ist ganz schlaff, hat ein gespanntes Bäuchlein, der Kot ist dünnflüssig und etwas schäumend und gärend«! »Ich verstehe, ich bin in 10 Minuten da!« Aufstehen, anziehen, ins Auto steigen, am Zoo sein – ist eins! Da sitzen wir und halten das 1450 g schwere »Löwenkind« in der Hand. Das telefonisch übermittelte Krankheitsbild ist noch das gleiche! Es liegt nahe, daß es sich um eine Koliinfektion, eine sehr gefürchtete Neugeborenenerkrankung, handelt. Wir wissen um den Ernst der Situation. Sofort führen wir die erforderlichen Behandlungen durch. – Jetzt ist Ruhe angezeigt. Das Löwenkind atmet schwer. Mir ist auch sehr warm. »Wieviel Grad haben wir?« »24 °C«. »Vielleicht sollten wir ein wenig das Fenster öffnen, das Löwenmädchen braucht sauerstoffreiche Luft.« – Stunden des Wartens. Wir sehen und lauschen in das Löwenkind hinein! Da, die Atmung beruhigt sich. Das Löwenbaby schläft tief und ruhig. Es krampft nicht mehr. Fräulein von Einsiedel kocht Fencheltee. Wir wollen keine Milch geben, aber auf Flüssigkeitszufuhr kommt es an, hoffentlich trinkt es ein wenig? Gegen 5.00 Uhr quäkt es leise. Auf der Hand der Vizemutter tritt unser Patient ein wenig mit den kleinen zarten Tatzen nach vorn. Was ist das? Wir schauen uns an. Lächeln auf beiden Seiten. Soll das ein »Milchtritt« sein? Wenn die Kleinen an der Mutter trinken, stemmen sie die Vorderbeine gegen das Gesäuge. In unserer Situation ist dies ein Zeichen der erhofften Genesung. Mühsam nimmt das Junge in den erfahrenen Händen der Vizemutter einige Schlucke Tee aus der Flasche. Nicht zu viel. Der kleine Patient soll weiterschlafen. Über zwei Tage geht es zwei Schritte vorwärts und einen Schritt zurück im Heilungsverlauf. Nach einem weiteren Tag haben wir wieder große Hoffnung, die wir nie ganz aufgegeben hatten. Das ist übrigens immer notwendig, wenn man Heilerfolge haben will. Stets muß man beharrlich und unter Ausschöpfung aller Möglichkeiten und im Vertrauen auf die natürliche Widerstandskraft des Patienten kämpfen.

Wenn auch noch etwas wechselhaft, so geht es bei unserem Löwenmädchen nach dem dritten Krankheitstage doch deutlich aufwärts. Ab sechstem Tage nach Krankheitsbeginn kommt wieder stärkerer Appetit auf.

Keiner von uns ahnte in diesen Tagen, welche bleibende Bedeutung für die heute einhundert Jahre alte und bewährte Löwenzucht des Zoo Leipzig der Erfolg unseres Einsatzes haben sollte. Nach seiner Krankheit wurde das Kleine noch anschmiegsamer und benahm sich, als es richtig laufen konnte, so zahm wie eine Hauskatze. Es wurde ein bildhübsches »Löwenfräulein«, es blieb natürlich in Leipzig und wanderte nicht in die ferne Welt, wie aberhundert der in Leipzig geborenen Löwenkinder.

Die Löwin war groß im Rahmen, von mittlerem Kaliber, korrekter Beinstellung, eleganter geschwungener Rückenlinie, breitem Becken, grazienhafter Haltung und wirklich schönem Ausdruck bei

Bongos, Deckfarben, 34,3 × 45,5 cm

stets »freundlichem« Verhalten. Jedoch, sie war völlig auf den Menschen geprägt! Jetzt tauchten natürlich aus der tiergärtnerischen Erfahrung heraus berechtigte Bedenken auf. Was für welche? Wird diese vom Typ, der Form und Schönheit so sehr der alten Leipziger Löwenzucht entsprechende Junglöwin noch zur Zucht verwendbar sein? Oder wird sie – wie das bei handaufgezogenen Katzen oft der Fall ist – ihren arteigenen Partner gar nicht annehmen und sich ans Gitter zu den Menschen flüchten? Nun ja, wir würden sehen!

Unsere von allen Mitarbeitern des Zoos geliebte, nach wie vor handzahme Junglöwin wurde geschlechtsreif, und ihre Löwenhochzeit stand bevor, und sie wurde mit Erfolg begangen. Trotz ihrer Vertrautheit mit Menschen nahm die Löwin den Kater an, und glücklicherweise empfand auch er Zuneigung für die ihm zugedachte Partnerin.

Dieses Lieblingstier von mir war die durch ihre vorzügliche Zucht- und Aufzuchtleistung im Leipziger Zoo so berühmt gewordene Löwenzuchtmutter »Oda«. In 13 Würfen gebar sie 45 Löwenbabys. Dabei brachte sie ihren eigenen Löwenkindern, ihren als Amme angesetzten Tigerkindern sowie uns, den ihr vertrauten Menschen, stets die gleichbleibende Zuneigung entgegen. Oda war eine einmalige Löwenpersönlichkeit, die das zwischen Menschen und ihr im Babyalter geschlossene »auf du und du« bis zu ihrem Lebensende, selbst in Zeiten der vollen Auslastung mit Säugen, Pflegen und Erziehen von eigenen Jungtieren, stets verläßlich bewahrte.

Bongo, Deckfarben, 24,5 × 21,3 cm

Großer Kudu, Kreide- und Bleistiftskizze, 20,3 × 25,2 cm

Wasserbock, Pinselzeichnung, 16 × 12,8 cm

Hausziegen, Studien in Bleistift, Deckweiß und Kreide, 29,2 × 27,2 cm

ALFRED WILL – BIOGRAPHIE

1906
Am 18. März wird Alfred Will in Berlin als Sohn eines Kaufmanns geboren.

1923–1928
Er studiert an der Hochschule für bildende Künste in Berlin-Charlottenburg. Seine Lehrer sind die Professoren Ludwig Bartning und Ernst Koch sowie der Tiermaler Prof. Karl Mickelait. Nach einer internen Prüfung arbeitet er in der Atelierklasse von Prof. Emil Orlik, wo auch Prof. Max Slevogt, der mit Orlik eng befreundet ist, gelegentlich illustratorische Anregungen gibt.

1928–1945
Er ist als freischaffender Maler, Graphiker, Illustrator und Bildredakteur bei verschiedenen Verlagen tätig.

1945
Nach dem Zusammenbruch des Hitlerfaschismus kommt durch Wills Initiative im September die erste »Kunstausstellung in Berlin« in Berlin-Altglienicke zustande (Sieben Altglienicker Künstler; der Magistrat tätigt Ankäufe). In den folgenden Jahren arbeitet Will als Layouter im Verlag der Nation, bei der Urania-Zeitschrift und in der Abteilung Pressewesen im Ministerium des Inneren.

1952
Er wird Mitglied im VBK der DDR. In den Jahren bis 1960 finden acht Einzelausstellungen seiner Werke statt. Außerdem beteiligt er sich in diesen und den folgenden Jahren an zahlreichen Ausstellungen, insbesondere an der Ausstellung »Die Kunst der Illustration« in Berlin (1954;

zusammen mit Hans Baltzer, Bert Heller, Werner Klemke und Max Lingner), an der »Deutschen Buchkunst-Ausstellung« in Moskau, Leningrad, Tbilissi und Ulan-Bator (1954), an der Ausstellung »Aus unserer Mappe« in Berlin (1955, zusammen mit Hans Baltzer und Kurt Zimmermann) und an der Akademie-Ausstellung in Berlin (1956).

Von den etwa 100 Büchern, die Will illustriert hat, seien genannt: »Der kleine Muck« (Hauff; der Band ist auch in China erschienen), »Robinson Crusoe« (Defoe), »Lederstrumpf« (Cooper), »Der Große Ozean« (Kratt), »Reise zum Mond« (Verne), »Reiseberichte« (A. v. Humboldt), »Pulsschlag der Wildnis« (Schomburgk), »Algerische Tiermärchen« (Dib). Für das Jahr 1988 erschien ein Tierkalender mit seinen Zeichnungen. Außerdem sind 50 gedruckte Tierporträts von ihm erschienen.

Besondere Kritiken:
1946 Lilli Becher (Joh. R. Becher) »Zeitnahe Kunst« (Text und 5 Fotos in »Neue Berliner Illustrierte«)
1947 Prof. Dr. A. Werner »Im Banne des Augenblicks« (in »Der Morgen«)
1958 Pommeranz-Liedtke (Akademie der Künste) »Phantasie und Wirklichkeit – die schöpferischen Quellen des Malers Alfred Will« (Text und 7 Farbfotos in »Sibylle«)

Alfred Will ist Träger staatlicher Auszeichnungen.